薪酬差距和人力资本结构
对人力资本效率的影响

以长三角地区高新技术企业为例

闫建阁　著

知识产权出版社
全国百佳图书出版单位
——北京——

图书在版编目（CIP）数据

薪酬差距和人力资本结构对人力资本效率的影响：以长三角地区高新技术企业为例 / 闫建阁著 . — 北京：知识产权出版社，2025.6. — ISBN 978-7-5130-9973-8

Ⅰ . F279.244.4

中国国家版本馆CIP数据核字第2025RV5223号

内容提要

本书围绕薪酬差距与人力资本结构对人力资本效率的影响展开深入研究，聚焦长三角地区高新技术企业，通过理论分析与实证研究相结合的方法，探讨薪酬分配差异、人力资本层次配置对企业整体人力资本效率的作用机制。本书系统梳理了相关理论基础，构建研究模型，并基于实证数据进行分析，揭示优化薪酬结构、提升人力资本配置效率的关键路径。

本书研究成果可为企业制定科学合理的薪酬激励机制、优化人力资源管理决策提供理论支持和实践指导。

责任编辑：曹婧文　　　　　　　责任印制：孙婷婷

薪酬差距和人力资本结构对人力资本效率的影响——以长三角地区高新技术企业为例

XINCHOU CHAJU HE RENLI ZIBEN JIEGOU DUI RENLI ZIBEN XIAOLÜ DE YINGXIANG
　　——YI CHANGSANJIAO DIQU GAOXIN JISHU QIYE WEILI

闫建阁　著

出版发行：知识产权出版社 有限责任公司		网　　址：http：// www. ipph. cn	
电　　话：010-82004826		http：// www. laichushu. com	
社　　址：北京市海淀区气象路50号院		邮　　编：100081	
责编电话：010-82000860转8763		责编邮箱：laichushu@cnipr.com	
发行电话：010-82000860转8101		发行传真：010-82000893	
印　　刷：北京中献拓方科技发展有限公司		经　　销：新华书店、各大网上书店及相关专业书店	
开　　本：720mm×1000mm　1/16		印　　张：12	
版　　次：2025年6月第1版		印　　次：2025年6月第1次印刷	
字　　数：195千字		定　　价：68.00元	

ISBN 978-7-5130-9973-8

前　言

本书旨在探讨高新技术企业薪酬差距对人力资本效率的影响，并考察人力资本结构在其中发挥的中介作用，在此基础上进一步揭示企业自身特征和地区属性带来的异质性影响，具体而言包括企业规模、产权性质、两权分离、行业属性和地区属性的异质性。本书选取2013—2021年我国长三角地区的高新技术企业作为研究样本，通过CSMAR数据库、上市公司年报等渠道收集数据，采用DEA模型、固定效应模型、中介效应模型等对数据进行定量分析和实证检验。研究结果显示：薪酬差距对人力资本效率有显著的负面影响；人力资本结构在薪酬差距与人力资本效率之间发挥了显著的中介效应；薪酬差距对大规模企业、非国有企业、两权分离程度较高的企业、垄断性行业企业的人力资本效率的影响更为显著；薪酬差距对上海地区的企业人力资本效率有显著的促进作用，对江苏地区、浙江地区的企业人力资本效率有显著的抑制作用，但人力资本结构均发挥着显著的中介作用。综上所述，长三角地区高新技术企业应设置合理的薪酬体系，并结合各地区的资源禀赋特征和实际情况，实施差异化的薪酬激励制度，逐渐缩小高管与普通员工之间的薪酬差距，提高员工工作的积极性和团队合作效率。同时，还应关注人力资本结构的优化调整，加强对高素质、高学历员工的引入，着重发挥这类员工的工作积极性和创造性，降低薪酬差距对人力资本效率的负面影响。研究结果揭示了高新技术企业薪酬差距如何通过人力资本结构来影响人力资本效率。

目　录

第1章　绪　论

1.1　引言

本节为引言，以期为本研究提供一个清晰的轮廓。引言之后，1.2节展示了研究背景，首先讨论的是我国人力资本效率管理实践中存在的问题，重点关注"天价"薪酬所导致的不公平分配、员工恶意竞争、工作积极性下降等一系列现实问题，进而引出本书的研究议题。接着，从区域层面进行探讨，聚焦长三角地区高新技术企业的人力资本效率，具有典型的代表性和针对性。然后，梳理现阶段关于人力资本效率的主要研究进展及研究内容，探讨薪酬差距与人力资本结构对人力资本效率的潜在影响，在此基础上提炼本书的研究框架及内容。1.3节为问题陈述；1.4节为研究的问题；1.5节和1.6节分别描述研究目标和研究假设；而1.7节和1.8节提供本书的理论框架和研究框架；1.9节归纳整理本书的研究意义，包括理论意义和现实意义；1.10节是操作性定义，包括本书涉及的核心概念，如高新技术企业、薪酬差距、人力资本效率以及人力资本结构等。

1.2　研究背景

随着信息技术的发展，企业依靠材料、土地、机器设备等要素投入来获得超额收益的模式已难以为继，附着于人身上的人力资本价值日益凸显。在市场竞争中，人力资本效率提升成为企业可持续创新发展的关键。然而，目前我国人力资源效率仍存在以下突出问题。一是企业员工的流动性较强，流动频率较高，尤其是掌握核心技术和机密的员工离职将为企业带来巨大损失，如何吸引并留住员工是亟须解决的重要现实问题。二是企业员工的分布存在较大的区域异质性，加上各地区政策支持力度不同、企业的资源禀赋及面临的市场环境存在较大差异，可能导致人力资本效率的极化发展，进而表现为马太效应，这给人力资本效率提升带来了负面影响。三是虽然我国初级、中级教育水平稳步增长，占比超过70%，但根据国家统计局第七次全国人口普查数据显示，我国15岁及以上人口中，拥有大专及以上学历者比例为18.87%，表明高层次人力资本在数量结构上尚不能满足高新技术企业快速发展的人才需求。同时，中国垄断竞争部门和政府管制部门的工资差异，使得市场化部门和非市场化部门存在劳动力市场的二元分割，员工的收入、激励和福利等方面存在巨大差距，这也严重影响着员工的优化配置，人力资本效率长期处于较低水平。因此，如何提高我国企业人力资本效率成为值得关注的重要议题。

考虑到我国各个地区的经济发展水平、社会文化等存在较大差异，且长期以来存在不均衡发展的问题，故从区域层面研究企业人力资本效率更具针对性和代表性。目前我国已形成三大经济圈，分别是京津冀地区（北京市、天津市和河北省），长三角地区（上海市、江苏省、浙江省和安徽省）和珠三角地区（广东省的部分城市、香港和澳门特别行政区），区域经济一体化发展促进了不同企业之间员工的自由流动，各地通过高薪方式展开的"员工抢夺战"也日益激烈。其中，长三角地区作为我国创新活跃度最高、科技资源最密集的区域之一，是吸收和集聚员工的主阵地，具有较高的人口密度、经济密度和产业密集度，为中国经济增长和发展作出了重大的贡献，具有重要的战略地位，因此，本书选取长三角地区的人力资本效率问题进行研究。

高新技术企业是决定区域市场竞争力的重要载体，对推动长三角地区的经济结构调整和经济高质量发展发挥着关键性作用，具有典型代表性，对其他地区高新技术企业人力资本效率的分析也具有一定的借鉴意义。在宏观层面上，高新技术企业人力资本效率的提升能够对其他企业中、低技术水平员工形成示范作用，是促进同行业企业、上下游企业知识和技术纵向扩散的重要渠道。长三角地区高新技术企业员工的知识和技术优势能够有效引导和鞭策其他员工一起努力，不断进行技术创新和再创新，进而在中国和国际市场上发挥长三角地区的知识和技术溢出效应。在微观层面上，高新技术企业人力资本效率提升能够充分发挥员工的创新效能，为企业带来更多的创新产出和价值增长，并通过正外部性作用促进本地区和其他地区企业员工的共同进步，这将有利于形成长三角地区的创新集聚效应。因此，本书最终选取长三角地区高新技术企业作为研究样本，在此基础上进行理论探讨和实证研究。

与一般的企业相比，高新技术企业的员工趋向年轻化，35岁以下的年轻员工占比为40%~70%，在部分高新技术企业甚至高达90%，且大部分员工都是知识型员工，大专学历占比达到60%，本科以上学历占比超过38%，有一些员工还掌握着高新技术企业核心技术和商业秘密，他们是高新技术企业最具价值的资源，能够帮助企业实现价值创造。然而，由于员工的独立性、自主性和对工作的成就感需要较高，员工常会由于感知到的工作满意度与期望状态存在较大差距而产生消极怠工行为，尤其是高层次员工因其技术专长具有不可替代性和稀缺性，其在市场中也具有较大的职位可选择空间，对自身价值的期望值也更高，会寻求更多更适合自身发展的机会，这也意味着员工流动的可能性较高，故跳槽在高新技术企业中是非常普遍的现象。比如：

2017年，上汽集团总工程师离职，并引发多位高管接连辞职[1]；

2019年，上汽集团管理层大幅变动，四位高管同时辞职[2]；

2022年，华为公司鸿蒙系统的负责人离职等。[3]

---

[1] 上汽人事再生变！总工程师程惊雷离职 或去造车新势力[EB/OL].（2017-11-23）[2024-05-22]. https://www.sohu.com/a/206265445_656538.

[2] 上汽集团管理层大换血！四大高管同时辞职，王晓秋提拔为总裁[EB/OL].（2019-07-22）[2024-05-22]. https://www.163.com/dy/article/EKNNLHSP0511SPBK.html.

[3] 华为"鸿蒙之父"离职，下一站去这里[EB/OL].（2022-05-25）[2024-05-22]. http://www.chinanews.com.cn/m/cj/2022/05-23/9761743.shtml.

这为传统的员工管理带来了极大的挑战。员工的消极怠工或离职将对高新技术企业产生巨大的损失，进而表现为人力资本效率低下，也就是无法用最小的人力资本投入为企业带来最大的产出。因此，对人力资本效率的评估和重视越来越重要，它也是有效地将人力资本效率转化为高新技术企业竞争优势和可持续发展的主要驱动力，这得到了现有学者的支持（Mohammad et al.，2023）。

员工是唯一具有高增值性和主观能动性的资源，容易受价格机制的影响，人力资本效率的高低在很大程度上取决于员工的努力程度是否与其回报密切相连。如何在高素质、高技术员工稀缺的条件下，最大限度地利用有限资源，吸纳并留住员工、提高人力资本效率，成为高新技术企业亟待解决的重要现实问题，经济激励则是其中最根本的激励手段。因此，各地采取多项措施增强对员工的吸引力，旨在通过更高的薪酬水平、福利待遇来提升人力资本效率，为企业和区域发展创造更大的经济效益，如发放员工绿卡、提升配套服务功能、完善员工补贴及优惠政策等，在员工社会保险、医疗保健、落户便利性等方面提供专项服务，加快高精尖优秀员工的集聚，更好地释放员工价值。各地区开展的员工争夺战有效带动了员工的自由流动和集聚，长三角地区高新技术企业的员工数量不断提升，具体如图1.1所示。

由图1.1可见，长三角地区高新技术企业员工数量从2013年的760 792人增长至2021年的1 280 600人，表明长三角地区高新技术企业对员工具有较高的吸引力。但从各个地区的分布来看，却呈现非均衡发展趋势，浙江省、江苏省和上海市的高技术员工数量远高于安徽省，存在较大的高技能员工梯度差距。由于追求更高收入和实现自我价值是员工满足基本需求的择业动因之一，高新技术企业的薪酬制度是否合理、薪酬待遇是否公平直接影响员工对企业的信任度和忠诚度，进而导致人力资本效率差异。因此，很多高新技术企业为提高人力资本效率，设置了较高的薪酬水平，这在上海、江苏南京、浙江杭州等经济发达的长三角地区更为普遍。2022年长三角地区发布1.5万个高层次紧缺员工需求，涉及人工智能、数字经济、信息技术等领域，其中有半数的岗位薪酬超过20万元，最高达到百万元。❶较高的薪酬为员工生活保障和生活水平提升奠定了基础，但也导致高新技术企业内部薪酬差距的持续扩大。

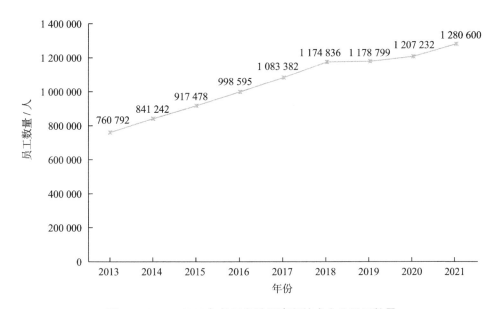

图1.1 2013—2021年长三角地区高新技术企业员工数量

注：由于2012年证监会行业分类标准有所调整，影响高新技术企业经营的连续性和数据的可比性，故本书研究起始时间为2013年。关于高新技术企业相关的核心指标数据仅更新至2021年，2022年数据于2023年底更新，数据更新时间依此类推，考虑到数据的可得性，最终对2013—2021年长三角地区高新技术企业上市公司的统计数据进行分析。相关数据来源于国泰安数据库（China Stock Market & Accounting Research Database，CSMAR），此数据库为借鉴国际权威数据库专业标准，并结合中国实际国情开发的经济金融领域的研究型数据库，是中国金融行业最为权威的数据库之一，被广泛应用于金融机构、证券公司、银行等机构。

根据锦标赛理论，薪酬是人力资本效率的重要影响因素，也是高新技术企业必要的生产性投入，具有吸引、激励员工的重要功能，薪酬高低以及薪酬差距的大小会直接影响员工工作状态，可能会促进员工之间展开竞争机制，使其

---

❶ 相关信息来源于2022年长三角G60科创走廊人才峰会。

为达到更高的锦标赛排名而更加积极努力地工作，由此获得相应的薪酬，通过投入激励有利于进一步释放员工红利效应（Chang et al.，2015），这对人力资本效率提升将产生积极影响。但根据行为理论，高新技术企业高管的"天价"薪酬容易给员工带来负面的心理情绪，比如不公平感、被剥削感、不满意度，降低其工作的积极性和努力程度，进而产生消极怠工的行为，导致人力资本效率下降。薪酬差距对长三角地区高新技术企业人力资本效率的影响究竟如何，其内在作用机制又如何，是值得探讨的重要议题。

人力资本结构反映了企业员工的教育背景和技能水平的分布情况，合理的人力资本结构可以帮助企业实现差异化竞争优势，并提高绩效和竞争力。本书认为薪酬差距可能会通过人力资本结构而作用于人力资本效率。虽然现有研究并未直接考察薪酬差距、人力资本结构和人力资本效率之间的关系，但已有部分研究提供了一些间接的支持。例如阿吉奥米尔贾纳基斯等（Agiomirgianakis et al.，2002）研究发现薪酬差距能够通过发挥人力资本结构的中介作用来促进经济增长。由于受教育程度的不同，组成部分会产生不同的回报（Boll and Leppin，2014），而薪酬差距越大，企业的资本结构调整速度越快，即便是微小的薪酬差距也可能导致资本结构的重大调整（盛明泉和戚昊辰，2014）。郭雪萌等（2019）提出人力资本结构在薪酬差距与企业绩效之间发挥着中介作用，企业绩效就是人力资本效率在财务方面的最终表现。杨薇和孔东民（2019）也将人力资本结构作为中介变量，考察其在薪酬差距与企业创新之间的中介作用，并指出薪酬差距能够提升研究生和本科学历员工的比例，进而作用于企业经济活动。虽然这些学者并没有直接考察人力资本结构在薪酬差距与人力资本效率之间的中介作用，但上述研究为本书提供了一个思路和启示。

此外，企业面临的内外部环境存在较大差异，企业微观层面和区域宏观层面的特征是否对薪酬差距与人力资本效率的关系产生重大影响？比如高新技术企业的规模差异（大规模企业和小规模企业）、产权性质差异（国有企业和非国有企业)、两职分离程度差异(两职分离程度较大企业和较小的企业)、行业属性差异(垄断行业和非垄断行业)、地区属性差异(经济发达地区和经济落后地区)等,这些也是值得深入探讨的重要问题,这有利于进一步揭示薪酬差距对人力资本效率的异质性影响,得到更为细致、深入的研究结论,据此提出更具有针对性和差异化的解决措施,将对长三角地区高新技术企业人力资本效率提升提供理论和实践指导。然而,现有研究较少考虑企业微观特征和区域宏观环境的异质性,薪酬差距对人力资本效率之间的非对称影响究竟如何,现有文献并未给出答案,而这可能会影响现有研究结果的准确性和对策建议的适用性,有必要通过理论研究和实证研究对不同边界条件进行拓展,进而全面理解高新技术企业薪酬差距与人力资本效率之间的作用机制。

因此,本书根据长三角地区高新技术企业人力资本效率存在的现实问题,并结合已有研究文献,基于2013—2021年的面板数据,对长三角地区高新技术企业薪酬差距与人力资本效率之间的关系进行研究,并探讨薪酬差距通过人力资本结构作用于人力资本效率的基本路径。在此基础上,本书展开企业微观和区域宏观层面的异质性检验,并提出相应政策建议。这对优化高新技术企业员工薪酬管理制度,激发高管和普通员工的工作热情和积极性具有重要作用,同时对提升高新技术企业人力资本效率具有积极影响,有利于进一步更好地发挥员工效用,促进企业可持续发展。

1.3 问题陈述

根据已有研究提供的经验证据(Zweig et al.,2006;Roy et al.,2016;Turunen and Nummela,2017;Emontspool and Servais,2017;孙鲲鹏 等,2021),员工是高新技术企业创新发展的第一资源,人力资本效率的提升受到社会各界的广泛关注,学者们也对人力资本效率进行了大量研究和探讨。由于高新技术企业的特殊性，对高质量、创新型员工的需求较高，但受制于员工的有限性，加上各地开展的"员工争夺战"，导致不少高新技术企业面临员工流失的严重问题。高新技术企业为满足其发展过程中的员工需求，吸引并留下优质员工，往往会采取较高的薪酬激励水平，最终导致高管之间及高管团队与员工之间的薪酬差距持续扩大。薪酬差距是否发挥了预期的激励效果，促进高新技术企业人力资本效率提升，是值得关注的现实问题。然而，在人力资本效率研究领域，鲜有学者关注薪酬差距与人力资本效率的关系，对薪酬差距的研究也主要集中在其对公司绩效、公司价值的影响上，由此形成了"锦标赛理论"和"行为理论"两种观点。薪酬差距的持续扩大可能会促进员工更加努力地工作，对人力资本效率提升带来积极影响，也可能会诱发员工的不公平、被剥削的感受，导致人力资本效率的下滑。薪酬差距本质上是通过对员工发挥不同的激励效果进而影响企业业绩表现（Bebchuk et al.，2011；黎文靖和胡玉明，2012；Banker et al.，2016），这意味着长三角地区高新技术企业人力资本效率问题可以通过薪酬差距来解决。薪酬差距对人力资本效率的影响究竟是促进还是抑制有待进一步揭示。

基于长三角地区高新技术企业的特定情境下，薪酬差距对人力资本效率的作用机制如何尚不明晰。在薪酬差距的激励作用下，员工有更强的动机继续学习和深造，进而向技术型、管理型员工转型，实现更高的锦标赛排名和获得更高的薪酬。盛明泉和戚昊辰（2014）已通过实证研究验证了即便是微小的薪酬差距也会导致资本结构的重大调整。也就是说持续扩大的薪酬差距可能会激发员工提高自身的技术水平、完善知识结构，这一过程将有利于优化企业的人力资本结构，这得到了杨薇和孔东民（2019）、郭雪萌（2019）等学者的支持。对议价能力或者学历层次比较低的员工来说，他们在高新技术企业中的薪酬往往处于较低水平，与高管之间的薪酬差距较大，当其感知到较低的公平性和被剥削感时，也会主动学习更多的知识和技能来获得更高的薪酬，通过人力资本结构调整规避薪酬差距给他们带来的负面效应和消极情绪，否则他们就会被其他的劳动者所取代。因此，薪酬差距的持续扩大可能会不断优化高新技术企业的人力资本结构，进而作用于人力资本效率。

薪酬差距与人力资本效率之间的关系是否受到企业微观和区域宏观层面的异质性影响呢？首先，企业微观层面的异质性，包括企业规模、产权性质、两职分离和行业属性。企业规模不同可能导致企业在风险承担、资金获取、员工数量、知识和技术积累等方面存在显著差异，对薪酬差距的敏感度不同，进而影响其与人力资本效率之间的关系。在不同产权性质的企业中，薪酬差距设计时面临的制约因素不同，而且员工工作的动机和积极性也不一样，薪酬差距对国有企业和非国有企业人力资本效率的影响可能存在异质性。在两职分离程度不同的企业中，高管掌握的实际控制权不同，对薪酬契约调整或干涉会直接影响其他员工对薪酬业绩的敏感性，进而影响薪酬差距的作用效果。在不同行业属性的企业中，员工的流动性、薪酬议价能力、对薪酬差距的感知程度等存在差异，进而影响薪酬激励的有效性，最终表现为人力资本效率差异。其次，区域宏观层面的异质性，也就是企业所属的地区不同。因经济发展水平、市场竞争环境、资源禀赋等方面存在很大差异，导致薪酬差距对人力资本效率的影响可能存在异质性。在后文的研究中将展开更为详细的理论分析。

因此，本书超越现有文献的研究范畴，选取长三角地区的高新技术企业作为研究对象，并将薪酬差距、人力资本效率及人力资本结构纳入同一研究框架。首先，采用DEA（Data Envelopment Analysis）模型对长三角地区高新技术企业人力资本效率进行科学评价，然后基于2013—2021年的面板数据，采用面板回归分析方法考察薪酬差距对人力资本效率的影响，在此基础上结合中介效应模型进一步考察人力资本结构在其中发挥的中介作用，为现有研究提供新的视角。同时，为进一步拓宽现有研究边界条件，得到更为细致的研究结论，本书将从企业微观层面的异质性、区域宏观层面的异质性两个维度出发，考察薪酬差距对人力资本效率的非对称性影响。

1.4　研究的问题

长三角地区高新技术企业如何设置合理的薪酬差距，更好地发挥薪酬激励作用、提高人力资本效率是本研究需要解决的主要问题。因此，本研究涉及一个主要问题，也就是：

RQ：长三角地区高新技术企业薪酬差距与人力资本结构对人力资本效率的影响如何？

此外，为进一步填补现有研究空白，主要的研究问题被细分为以下问题：

SRQ1：高新技术企业薪酬差距对人力资本效率的影响如何？

SRQ2：人力资本结构在高新技术企业薪酬差距与人力资本效率之间是否发挥着重要的中介作用？

SRQ3：高新技术企业薪酬差距与人力资本效率的关系是否因企业自身特征差异而产生异质性？包括高新技术企业的规模、产权性质、两职分离程度、行业属性四个维度。

SRQ4：高新技术企业薪酬差距与人力资本效率的关系是否因所属地区不同而产生异质性？

1.5　研究目标

本研究的最终目的是揭示长三角地区高新技术企业薪酬差距、人力资本结构与人力资本效率之间的关系。为实现上述目标，并为上述研究问题提供答案，本研究遵循"薪酬差距→人力资本结构→人力资本效率"的逻辑分析思路，用统计分析和实证分析方法考察了长三角地区高新技术企业薪酬差距、人力资本结构与人力资本效率之间的作用机制。在此基础上，进一步探究企业和区域异质性视角下高新技术企业薪酬差距对人力资本效率的影响。一方面，不同企业自身发展存在的差异，如企业规模、产权性质、两职分离程度、所属行业等方面特征的差异，是企业层面的异质性。另一方面，不同地区的社会文化、经济水平、金融发展程度等存在较大差距，若不加以区分，可能导致研究结果与实际情况存在偏差，故有必要将地区变量纳入研究框架，得到更为细致、深入的研究结论。具体来说，本研究试图：

①检验高新技术企业薪酬差距对人力资本效率的影响。

②检验人力资本结构在高新技术企业薪酬差距与人力资本效率之间的作用。

③检验企业自身特征差异（企业规模、产权性质、两职分离、行业属性）所导致的高新技术企业薪酬差距对人力资本效率影响的异质性。

④检验所处地区不同所导致的高新技术企业薪酬差距对人力资本效率影响的异质性。

1.6 研究假设

在研究问题和研究目标的基础上，本节将提出基本的研究假设。所有的这些假设都会被评估和检验，以证实和回答前文提出的问题。

H1：高新技术企业薪酬差距对人力资本效率具有显著影响。

H2：人力资本结构在高新技术企业薪酬差距与人力资本效率之间发挥着显著中介效应。

H3：企业自身特征（企业规模、产权性质、两职分离程度、所属行业）不同导致高新技术企业薪酬差距对人力资本效率的影响存在差异。

H4：所属地区不同导致高新技术企业薪酬差距对人力资本效率的影响存在差异。

1.7　理论框架

薪酬差距反映了高新技术企业员工的福利水平，是影响员工满意度和工作积极性的重要因素。由于员工的稀缺性，尤其是高层次、高技术员工所带来的高附加值，使得各地高新技术企业的员工争夺战日益激烈，企业内部薪酬差距也随之扩大。根据激励理论和锦标赛理论，薪酬差距将促进员工更加努力地工作，通过提高人力资本效率为高新技术企业创造超出自身价值的经济效益。然而，根据行为理论，较高的薪酬差距可能会诱发低层次员工的不满，产生被剥削感和不公平感，团队合作也会受到影响，最终导致高新技术企业整体人力资本效率下降。因此，本书基于现有的理论提出竞争性研究假设，对薪酬差距与人力资本效率之间的关系进行检验。

为进一步揭示二者的内在作用机制，本书结合我国长三角地区高新技术企业员工的实际情况和变化趋势，将人力资本结构纳入研究框架。从理论上来讲，持续扩大的薪酬差距能够吸引更多高素质、高教育水平的员工加入高新技术企业，并激励低层次员工为实现更高的薪酬而努力，通过不断提高自身技术水平和知识素养来防止其被其他劳动者取代，进而优化高新技术企业的人力资本结构，带来更高的人力资本效率。这在实践中也得以证实，故本书提出薪酬差距能够通过人力资本结构的优化调整而作用于人力资本效率。

根据上述理论分析，本书将薪酬差距、人力资本结构与人力资本效率纳入同一研究框架，进一步拓展现有研究范畴。同时，为得到更为全面、深入的研究结论，更好地发挥高新技术企业员工价值，本书还将考虑企业微观和区域宏观层面的异质性因素所导致的非对称性影响，包括企业规模、产权性质、两职分离程度、所属行业以及所属地区，通过理论和实证研究更充分地分析高新技术企业薪酬差距与人力资本效率之间的关系。

1.8 研究框架

本研究框架是对现有理论和文献的进一步发展和拓展。以激励理论、人力资本理论、锦标赛理论以及行为理论为基础，对我国长三角地区高新技术企业人力资本效率进行研究，并着重阐述薪酬差距对人力资本效率的影响，揭示人力资本结构在薪酬差距与人力资本效率之间发挥的作用，回答前文提出的研究问题 1（SRQ1）和研究问题 2（SRQ2）。在此基础上进行企业微观层面的异质性检验，包括企业规模、产权性质、两职分离程度和行业属性差异所导致的薪酬差距对人力资本效率影响的异质性，回答前文提出的研究问题 3（SRQ3）。最后，基于区域宏观视角进行异质性检验，也就是对所属地区不同所导致的薪酬差距对人力资本效率影响的异质性进行检验，回答前文提出的研究问题 4（SRQ4），得到更为细致、深入的研究结论，有效弥补了现有研究的空白之处，提供了新的研究视角，是对人力资源理论的深化发展。研究框架是研究问题的基础，而研究问题的提炼则来自现有理论、文献以及长三角地区高新技术企业的实际情况，这为研究员工识别问题、发现问题提供了思路，并作为研究基础的一部分，具体如图1.2所示。

基于高新技术企业薪酬差距、人力资本效率的相关阅读发现，有必要结合实践中存在的问题形成新的研究框架。本研究框架将有利于读者更容易地理解高新技术企业人力资本效率的发展现状及存在的问题，全面理解并掌握薪酬差距对高新技术企业人力资本效率的影响，相关对策建议将对员工管理实践发挥重要的积极作用，提高人力资本效率，更好地促进长三角地区高新技术企业的发展。该框架将用于全面、系统地研究中国长三角地区高新技术企业薪酬差距、人力资本结构与人力资本效率的关系。

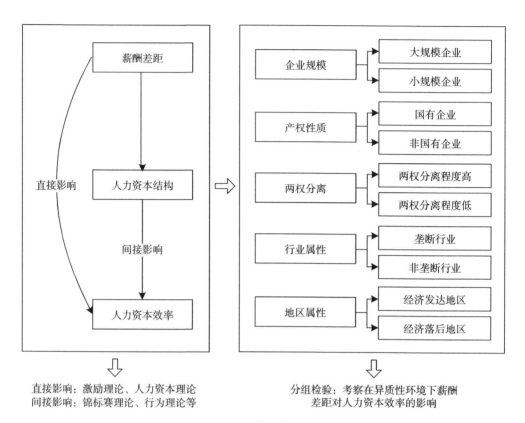

直接影响：激励理论、人力资本理论
间接影响：锦标赛理论、行为理论等

分组检验：考察在异质性环境下薪酬
差距对人力资本效率的影响

图1.2　本书研究框架

1.9　研究意义

本书以长三角地区高新技术企业为研究对象，将薪酬差距、人力资本结构与人力资本效率纳入同一研究框架，考察长三角地区高新技术企业薪酬差距对人力资本效率的影响，并揭示人力资本结构发挥的中介效应，厘清三者之间的内在关联，具有一定的理论意义和现实意义。

1.9.1 理论意义

一是通过构建长三角地区高新技术企业薪酬差距与人力资本效率的逻辑分析框架，可以丰富研究主题，深化人力资本理论的研究内容。一直以来，关于人力资本效率的研究是理论和实践界关注的热点问题，学者们基于人力资本效率的概念界定、人力资本效率的影响因素、人力资本效率的评价模型等进行了广泛研究和探讨，并取得了一系列研究成果。然而，现有研究主要是采用问卷调查的方法，很多结论或政策建议都是来自企业层面的范式分析，鲜少聚焦高新技术企业，考察长三角地区高新技术企业人力资本效率的变化趋势和发展现状，也鲜少从薪酬差距的角度考察其对人力资本效率的影响，关于二者的内在作用关系缺乏深入、系统的分析。本书在理论和文献研究的基础上，对高新技术企业薪酬差距、人力资本结构及人力资本效率等进行概念界定，并基于投入产出的视角对人力资本效率进行综合评价，在此基础上构建薪酬差距与人力资本效率的理论关系模型，进一步拓宽现有研究嵌入情景，也为学术界关于薪酬差距的研究提供独特且新颖的研究视角。

二是将薪酬差距、人力资本结构与人力资本效率纳入同一研究框架，有助于厘清长三角地区高新技术企业薪酬差距对人力资本效率的影响路径，为现有研究提供新的视角，丰富和拓展人力资本效率的相关研究范畴。现有关于人力资本效率的研究，往往局限于员工的工资、薪酬分配、绩效考核等，对其经济后果进行论述，但现有研究嵌入情景存在一定的局限性，鲜少以长三角地区高新技术企业为研究对象，考察薪酬差距对其人力资本效率的影响，其作用路径如何有待进一步明晰。本书在二者作用关系的基础上，进一步考察了人力资本结构发挥的中介效应，有助于厘清薪酬差距对人力资本效率的影响路径，并采用实证研究方法进行分析，得到更加客观的研究结果，有效改善了基于问卷调查结果的主观性，进一步拓展了关于高新技术企业薪酬差距与人力资本效率相关的概念框架和数据模型。

三是探索性地阐述企业在微观和区域宏观异质性情境下，长三角地区高新技术企业薪酬差距对人力资本效率的非对称影响，有利于进一步拓展现有研究边界条件，是对理论和文献的深化发展。但是，高新技术企业自身的特征及所处区域环境存在的差异（如企业规模、产权性质、两职分离程度、行业属性、地区属性等）可能导致薪酬差距对人力资本效率产生影响，进而影响研究结果的准确性和适用性。然而，现有研究忽视了上述因素的影响，只有结合高新技术企业的特征和外部环境，才能更准确地理解和掌握高新技术企业薪酬差距作用于人力资本效率的"黑箱"，故本书在上述研究的基础上进行进一步拓展和补充，考察企业在微观和区域宏观异质性情境下，薪酬差距对人力资本效率的非对称性影响，通过理论分析和实证检验进一步丰富现有研究议题，促进双因素理论、人力资本理论的系统化发展。

1.9.2　现实意义

一是本书对高新技术企业人力资本效率的分析和评价有利于企业全面加强员工管理，形成科学、有效、规范的员工管理模式。本书选取长三角地区高新技术企业为研究对象，采用DEA方法对人力资本效率进行综合评价，能够帮助管理员工了解企业人力资本效率的发展现状及存在的问题，在此基础上提出更具针对性的对策建议，通过发现问题、分析问题、解决问题，帮助企业积累管理经验，同时有利于为各主体评估其他地区高新技术企业人力资本效率提供参考和方法借鉴。

二是本书关于长三角地区高新技术企业薪酬差距与人力资本效率的研究，有利于揭示现阶段高新技术企业薪酬体系设计对员工的激励作用，基于面板数据的实证研究，向公众提供了来自中国的微观经验证据。从企业的层面来看，高新技术企业在员工管理中十分重视薪酬水平对员工的影响，但往往忽视了薪酬差距的影响，本书通过分析薪酬差距对人力资本效率的影响，相关结论能够为高新技术企业薪酬体系设计提供理论支持，帮助企业制定更加有效的差异化薪酬策略，通过资源的优化配置激发员工工作的积极性，有利于进一步发挥员工在高新技术企业创新发展中的积极作用。从员工的层面来看，厘清薪酬差距与人力资本效率的关系是员工维护自身权益的必要前提，有利于敦促企业建立更加合理、有序的薪酬分配体系，提高员工的满意度和幸福指数。从政府的层面来看，本研究相关结论能够反映长三角地区收入分配的公平与效率，为监管部门制定适宜的薪酬规范提供参考，通过不断完善高新技术企业薪酬分配体系，促进区域共同富裕，实现中国经济高质量发展。

三是本书检验了薪酬差距通过人力资本结构而作用于人力资本效率的内在机制，这为高新技术企业人力资本效率提升提供了新的视角和切入点，即企业应重视人力资本结构的优化调整，通过员工素质的提升、技能和知识体系的完善来提高生产效率和服务水平，最大限度地发挥人力资本的高增值性。因此，本书相关研究成果能够为长三角地区高新技术企业人力资本效率提升提供具有启示性的思路，为企业经营绩效提升和核心竞争优势塑造提供参考。

四是本书考虑了企业微观和区域宏观层面的异质性，对不同情境下高新技术企业薪酬差距与人力资本效率的关系进行分组检验，得到更为细致、深入的研究结论，为不同类型、不同地区的高新技术企业有针对性地提高人力资本效率提供了经验数据和实证支持，有利于帮助企业结合自身实际情况建立差异化薪酬机制，更好地发挥薪酬的激励功能。

1.10 操作性定义

1.10.1 高新技术企业

高新技术企业是宏观经济增长的稳定器、保就业促创业的主力军，对推动经济高质量发展发挥着重要作用。无论是美国、日本、德国等经济发达国家，还是以中国为代表的发展中国家，都高度重视高新技术企业的发展。其中，"高新技术"一词最早来源于美国，随后被各国广泛应用，但并未形成明确、统一的概念界定。高新技术是知识密集型技术，其并非指某一项特定的先进技术，而是对技术水平的综合评价，并随着社会发展而不断更新变化。学者们对高新技术企业的概念进行了论述，主要是以经济合作与发展组织、美国商务部等公布的高新技术产业目录为基础（Paulo et al.，2012；Shen and Zhang，2013；Booth and Zhou，2013），将清单所涉及领域的企业界定为高新技术企业。

由于本书聚焦长三角地区高新技术企业，故根据我国政府部门的政策文件和认定管理办法，将高新技术企业界定为在国家政府部门重点支持的高新技术领域范围内，不断开展研发创新活动、实施科技成果转化活动，在此基础上塑造具有核心自主知识产权的企业。2008年以来，我国科技部每年都会公布高新技术企业名单，以及政府部门关于高新技术企业的认定标准或条件❶，见表1.1。根据本书的概念界定，只要企业满足表1.1中的认定条件就是高新技术企业。

表1.1　高新技术企业认定

项目	条件
企业注册时间	成立一年以上
企业知识产权所有权	可以采用自主研发、并购、受让等方式获得
企业科技型员工	科技型员工数量占员工总数的比重不低于10%
企业研发投入	当销售收入不超过5000万元时，研发投入强度不低于6%；超过5000万元，但不超过2亿元时，研发投入强度不低于4%；超过2亿元时，研发投入强度不低于3%
企业产品收入	高新技术产品收入在总收入中的占比不低于60%
企业创新能力	达到政策文件相关要求
企业核心技术	属于国家重点支持的高新技术领域

注：根据科技部发布的高新技术企业认定管理办法归纳整理所得。

---

❶ 为创新减税，给就业松绑——新版高企认定办法五年实施之路解析[EB/OL].（2013-08-16）[2024-05-28]. http://www.innocom.gov.cn/gqrdw/c101329/ 201308/30b4666ab037449f81e56ca51ec3dd95.shtml.

1.10.2 薪酬差距

薪酬是企业根据薪酬契约对员工的报酬或酬劳，根据员工的工作能力、努力程度以及对企业的贡献来制定，包括物质层面的补偿和精神层面的补偿。根据有效契约理论，薪酬差距是委托代理理论下的能力匹配机制和竞赛效应，是抑制管理层短期自利行为、提高企业绩效的有效代理冲突调节机制（Zhu et al.，2021），也是公司治理研究的重要方面，反映了收入的不平等分配（Fang et al.，2022）。罗伯特·沃尔特斯发布的"2015年全球薪酬调查"结果显示，我国是世界上企业内部薪酬差距最大的国家。

关于薪酬差距的概念界定，目前使用较多的是不同职级员工的薪酬差距，如高管和普通员工之间、经理和普通员工之间、CEO和普通员工之间、高管团队内部成员之间、首席执行官和非首席执行官之间等（Banker et al.，2016；Xu et al.，2017；Dai et al.，2017；Shams et al.，2022）。其中，高管团队内部成员包括CEO、董事、执行董事、董事长、监事、经理、财务总监等。

根据现有学者的研究，本书认为薪酬差距就是企业内部不同职级的员工之间的薪酬之差，并聚焦高管与普通员工之间的薪酬差距进行研究。一方面，由于企业对高管团队成员的薪酬激励不同，核心高管和非核心高管之间存在薪酬差距（Zhang et al.，2015；Jia et al.，2016；Xu et al.，2016）。管理者在企业战略决策中发挥着重要作用，是企业经营中不可或缺的组成部分，通常来说管理者的级别越高，获得的薪酬奖励也就越高。另一方面，普通员工也是企业重要的资源，他们为企业的业务发展、市场开拓、客户服务、抵御竞争而努力，薪酬体系设计直接影响其工作的积极性和生产效率，但高管与普通员工之间往往存在较大的薪酬差距，这在发展中国家更为严重。

1.10.3 人力资本效率

从经济学的角度来看，效率反映了资源要素的优化配置程度，通常指国家或地区的经济、企业或其他组织在生产资源既定的条件下实现成本最小化、效益最大化，也就是用最小的投入产生最大的产出。

关于人力资本效率，学者们普遍认为它是企业使用人力资本来衡量其创造的价值增值的重要指标，反映了企业使用员工所带来的增值（Joshi et al.，2013；Azlina et al.，2018；Samuel et al.，2020；Mohammad and Shairi，2023）。它在提高企业财务表现方面具有重要作用，可用价值增值与人力资本之间的比值进行衡量，资本价值越高，越能有效地利用员工实现企业价值提升。也有学者采用随机边界分析函数（SFA）方法、动态网络DEA方法、以投入为导向的DEA-BC2模型对人力资本效率进行综合评价（Zheng et al.，2018；Nourani et al.，2018；曹院平，2019；Olohunlana et al.，2023）。相关的投入指标包括员工数量、年龄构成、受教育程度、劳动生产率等，产出指标包括企业利润、收入水平、企业销量等。

根据现有学者的研究，本书将人力资本效率界定为人力资本投入与产出之间的比例关系，表现为企业在投入既定资源的条件下，实现人力资本产出最大化的有效程度，也就是对员工的有效利用程度，最终可从单位时间内员工创造的价值进行判断。人力资本效率评价旨在为企业员工管理水平和核心竞争力的提高提供决策参考（Beer and Lawrence，2005），由于DEA模型假设利用特定的输入来获得期望的最大输出，故本书参考已有研究，从投入产出的视角采用DEA模型对人力资本效率进行测度。

1.10.4　人力资本结构

关于人力资本结构的概念界定，学者们普遍以受教育程度、专业经验、行业背景等为切入点进行研究（Birasnav and Rangnekar，2010；Yang and Kong，2019）。人力资本结构越好，表明企业中具有专业知识、行业背景或经验的研究成员比例较大（Song et al.，2018），如拥有更多的相关技术和研究型员工、战略管理型员工、高学历的员工等。这些员工具有市场危机感、创新意识，凭借丰富的知识和经验积累能够为企业带来更高的劳动生产率，为企业创造更大的价值（Li and Liu，2018；Yang et al.，2022），人力资本结构的优化调整势必会影响企业的知识创造和整合能力。高素质、高技能员工通常更有可能通过局部搜索再造新理念。

在人力资本结构的测度方面，现有研究主要基于受教育程度的视角选取相应指标进行衡量（Yang et al.，2022；Shen et al.，2023），如空间向量角法、硕士学位或更高学历的员工人数与公司整体员工人数的比例等。受教育程度不同的员工有不同程度的议价能力，而薪酬差距可以通过改变管理者和员工的激励来影响企业的人力资本结构，不同的薪酬合同为不同教育水平的员工提供了不同的选择，增加薪酬差距对吸引具有高教育水平的员工有积极的作用，随着低教育人力资本比例的降低，高等教育人力资本的比例会增加，进而促进人力资本结构的不断优化，实现更高级的人力资本结构水平。

参考现有学者的研究，本书认为人力资本结构指的是人力资本的教育程度、工作经验对企业的嵌入程度，反映了员工的教育水平和专业经验。由于企业发展的不同阶段对各学历层次员工的需求不同（Baryel et al.，2007；何小钢等，2019；梁上坤，2019），因而导致不同企业的人力资本结构存在差异。鉴于数据的可得性，本书参考已有研究，采用硕士学位或更高学位的员工与公司整体员工人数的比例来计算高新技术企业人力资本结构。

1.10.5　企业规模

企业规模在一定程度上反映了企业的竞争力和生产复杂程度。一般而言，企业规模越大，其拥有的资源和优势越明显，风险承担能力也越强。企业规模的衡量标准通常来说包括以下几个方面：一是企业拥有的员工数量，这是企业规模最直接的体现，企业拥有的员工数量越多，表明企业规模越大。二是企业拥有的资产，包括固定资产、流动资产、投资资产等，比如企业拥有的厂房、机器、设备、知识产权等，也是衡量企业规模的重要指标。三是企业的营业收入，也就是企业每年的销售额，反映了企业的市场竞争力。

根据2011年工业和信息化部、国家统计局、国家发展和改革委员会、财政部等多部门联合制定的《中小企业划型标准规定》，以工业企业为例，从业人员1000人以下或营业收入40 000万元以下的为中小微型企业。其中，从业人员300人及以上，且营业收入2000万元及以上的为中型企业；从业人员20人及以上，且营业收入300万元及以上的为小型企业；从业人员20人以下或营业收入300万元以下的为微型企业。根据文件中对中小微企业的划分，可将大型企业确定为从业人员1000人以上或营业收入40 000万元以上的为大型企业。

关于企业规模的划分标准并不统一，尤其是政府部门对不同行业的企业规模认定标准存在差异。根据现有学者的研究（陈志斌 等，2017；梁上坤 等，2019），本书以企业资产为标准计算企业规模，也就是将企业的资产总额取自然对数，作为企业规模的代理变量。由于本书将进一步探讨企业规模不同导致高新技术企业薪酬差距对人力资本效率的影响是否存在差异，故还需将样本划分为大规模企业组和小规模企业组。考虑到研究结果的稳健性和可靠性，借鉴崔惠玉等（2023）的做法，以上四分位数为界限来进行划分，将位于上四分位数以上的高新技术企业视为大规模企业样本组，其他的高新技术企业则为小规模企业样本组。

1.10.6 产权性质

从经济学的角度来看，产权性质一般是个体对某项资产享有的控制权，而在企业中则是单个或多个主体对企业的实际控制权，能够决定企业的战略决策。产权性质反映了企业的所有制类型，关于产权性质的分类大致有三种。

第一类是将产权性质划分为国家股、法人股和流通股。然而，随着中国混合所有制改革和资本市场的不断发展与完善，很多企业存在不同性质股权交叉的情况，如国家、法人和个人交叉持股，这就导致该分类方式不够准确。

第二类是将产权性质划分为国有控股企业和非国有控股企业，也就是根据企业最终控制权的属性进行判断（林毅夫 等，2004），但鉴于数据的可得性，很多高新技术企业无法确认最终的控股权，故不具有现实可操作性。

第三类是将产权性质划分为国有企业和非国有企业（包括民营、外企及其他），也就是根据实际控制人的性质作为判断标准，也是学术界普遍采用的分类方法。其中，国有企业是国家或政府部门出资，掌握企业的所有权和经营权，但其生产经营的最终目标并非经济效益最大化，而是同时需要承担社会责任，对国家经济发展进行调控。一般而言，国有企业自身拥有的资金较为充足，且由于存在较强的关联，容易获得当地政府部门的支持。而非国有企业则是自行筹资组建的企业，如个人独资企业、合伙企业等，也是国家经济建设的重要主体。相较于国有企业，非国有企业与政府部门之间的关联较弱，融资能力也处于劣势，能够获得的政府补助相对较少，故在经营发展过程中面临的资金短缺问题更为严重。

为分析高新技术企业产权性质不同可能导致的薪酬差距与人力资本效率的异质性，本书采用第三种分类方法进行研究，也就是按照实际控制人的性质不同，将高新技术企业划分为国有企业和非国有企业。如果高新技术企业是国有企业，那么本书就将其划分为国有企业样本组，如果高新技术企业是非国有企业，那么本书就将其划分为非国有企业样本组。

1.10.7 两职分离程度

董事长与总经理在企业战略决策中发挥着重要作用。若董事长与总经理为同一自然人担任，通常称为两职合一，也就意味着企业两职分离程度较低。根据代理理论，自然人在实践中存在偷懒和机会主义行为，两职合一可能会降低董事会监督的独立性。由于信息不对称问题的存在，一旦企业的经理层与股东之间出现矛盾或利益冲突时，两职合一难以发挥董事会作用，可能会损害股东的利益。若董事长与总经理由不同的自然人担任，也就是两职分离，有利于更好地发挥董事会的监督功能，增强董事会的独立性，进而影响到管理层的决策效率。

尽管从实践的角度来看，两职分离能减少因经理层机会主义倾向而造成的资源错配，提高决策的科学性，但在学术研究中两职分离程度是否越高越好仍然存在诸多争议。比如，管家理论认为两职分离可能会导致企业内部出现多头管理的问题，也就是企业的管理权较为分散，这就会引起企业的权责划分模糊，在一定程度上降低了总经理的管理积极性，最终影响企业的决策效率。两职合一能够避免企业内部的政治斗争，并降低信息传播的成本和沟通成本，提高决策的灵活性，帮助企业管理层更快地适应内外部环境的变化。白（Bai et al.，2004）研究认为两职分离程度越高越好，两职分离优于两职合一，但是彭（Pen et al.，2007）的研究表明两职合一比两职分离更好。

根据两职分离的概念界定，并参考已有研究（李辰 等，2021），本书从董事长和总经理这两个职务是否兼任来衡量两职分离程度。如果董事长和总经理由同一人兼任，则将其赋值为1，并认为其两职分离程度较低；若董事长与总经理由不同的人担任，则将其赋值为0，并认为其两职分离程度较高。在此基础上，进一步探讨两职分离程度的异质性。

1.10.8 行业属性

企业所属行业反映了其在国民经济行业分类中隶属的行业类别。在不同的经济发展阶段和社会环境背景下，不同的行业意味着会受到经营环境及政府管制不同的影响，且不同行业面临的市场竞争程度、资源基础存在较大差异，薪酬差距水平也有所不同，这就导致薪酬差距对人力资本效率的影响可能具有异质性。比如垄断行业，主要是政府行政控制下的行业，包括电力行业、烟草行业、高速公路、房地产业等，具有较高的进入门槛和规模效应，只能由国营垄断，个人或其他主体无法参与经营。垄断行业由于垄断经营等更容易获得较高的垄断利润，在薪酬方面也往往具有比较优势。国家统计局数据显示，2022年按照行业划分的城镇非私营单位就业人员平均工资最高的行业为信息传输、软件和信息技术服务业，平均工资为220 418元，其次为金融行业，平均工资为174 341元，而住宿和餐饮业的就业人员平均工资最低，仅为53 995元。

由于企业所属行业不同，垄断行业和非垄断行业之间的市场竞争差距较大，员工薪酬水平、流动性等也存在较大差异。故本书进一步将样本企业划分为两类，并根据现有研究的经验做法（曹越和孙丽，2021），将以下行业界定为垄断行业：采矿业，烟草制品业，石油加工、炼焦及核燃料加工业，化学原料及化学制品制造业，医药制造业，化学纤维，橡胶制品业，黑色金属冶炼及压延加工业，有色金属冶炼，通用设备制造业，专用设备制造业，交通运输设备制造业，通信设备、计算机及其他电子设备制造业，电力、燃气及水的生产和供应业。当高新技术企业的所属行业为上述行业时，将其划分为垄断行业样本组，其他行业则为非垄断行业样本组。

1.10.9　地区属性

地区属性主要针对企业主要业务活动、经营活动所在的地区。中国各地区呈现非均衡发展特征，主要表现为市场化程度、经济及金融发展水平、基础设施建设、产业结构等存在较大差异，而这些因素是高新技术企业得以发展的重要资源基础。根据国家统计局的划分标准，可以将企业所属的地区划分为东部、中部和西部地区，但由于本书聚焦长三角地区，主要包括上海市、江苏省、浙江省和安徽省，因此，可将上述各地区的高新技术企业分别作为样本组，通过分组检验考察不同地区高新技术企业薪酬差距对人力资本效率的影响，并对各地区的结果进行对比分析，在此基础上得到更为细化的研究结论，进而提出更加具有针对性的对策建议，这对提升各地区人力资本效率具有重要作用。

因此，本书根据高新技术企业所属的不同地区将其划分为四个不同的样本组，分别是上海市高新技术企业样本组、江苏省高新技术企业样本组、浙江省高新技术企业样本组和安徽省高新技术企业样本组。

第 2 章　文献回顾

2.1　引言

本章主要为高新技术企业薪酬差距与人力资本效率相关的理论基础与文献回顾。2.1 节提供一个简单的轮廓，2.2 节为本研究的理论基础，包括激励理论、人力资本理论、锦标赛理论、行为理论；2.3 节为相关的文献回顾，包括高新技术企业的相关研究、薪酬差距的相关研究、人力资本效率的相关研究、薪酬差距与人力资本效率的相关研究；2.4 节在此基础上总结提炼现有研究空白或不足；2.5 节展示本书的研究框架；2.6 节为假设发展，在理论和文献分析的基础上提出本书拟检验的研究假设，考察长三角地区高新技术企业薪酬差距对人力资本效率的直接影响、人力资本结构的间接影响、微观和宏观层面的异质性影响；2.7 节为总结。

2.2　理论基础

根据前文的理论框架，本节主要从激励理论、人力资本理论、锦标赛理论、行为理论四个方面展开论述。

2.2.1　激励理论

现代企业制度的建立使所有权与经营权逐渐分离，股东利益和员工效应目标并不一致，加上信息不对称和不完全契约问题，导致企业委托代理问题日益突出，而科学合理的激励机制能够有效降低委托代理成本，也是学者们关注的重点问题。激励理论为本书研究高新技术企业薪酬差距与人力资本效率的关系提供了理论基础。激励理论的核心在于设计合理的外部机制提高员工工作的积极性，促进其向预期方向发展，大致包括管理学激励和经济学激励两个方面，前者基于管理学的视角考察人力资本效率提升的内在影响因素，后者以不对称信息博弈为基础，考察企业员工的激励机制。根据员工激励的侧重点不同，可以将激励理论划分为内容型激励理论（强调员工激励的方式和内容，包括需求层次理论、双因素理论等）和过程型激励理论（强调员工心理、激励动机、激励过程等，主要是期望理论）。

首先，需求层次理论认为员工的需求是复杂、多变的，而且呈现一定的阶段性，一旦当前的需求被满足，那么激励效果就会逐渐下降，进而催生新的需求。马斯洛（Maslow）指出人的需求可划分为生理、安全、社会、尊重和自我实现，后来学者提出了ERG需求理论，将其划分为生产、相互关系和成长发展，为人类需求的连续满足和受挫后的需求回归提供了合理解释。薪酬差距是员工福利水平的具体表现，员工自身的年龄、性别、学历、职位等个人特征也会影响其薪酬需求（Dencker et al.，2007），而需求层次理论的相关论述和分析能够用于揭示薪酬差距对员工生产效率的影响，在满足员工生存需要和安全需要的同时，进一步满足员工更高层次的需求，如追求更高的薪酬水平、职级晋升等。只有准确判断员工在不同发展阶段的需求，才能充分发挥薪酬差距对员工的有效激励作用。

其次，双因素理论由美国学者赫茨伯格（Herzberg）于1959年提出，其将员工绩效与工作满意度的影响因素划分为保健因素和激励因素，前者主要是公司政策、工作环境、管理措施、工资水平等，可保障员工的基本需求，一旦缺失将会引起员工的强烈不满（杨菊兰和杨俊青，2015）；后者主要是员工晋升渠道、个人荣誉、自我价值、工作成就感等社会和心理因素，是影响员工工作满意度的重要因素（杨东进和冯超阳，2016）。受传统观念的制约，长期以来中国企业的员工薪酬具有标准化、普惠性的特征，通常被视为保健因素，对员工的激励作用可能是有限的，但随着社会经济发展，企业对员工尤其是高层次员工的需求不断提升，并展开了激烈的员工争夺战，差异化薪酬体系逐渐成为现代企业治理机制的重要内容，其对员工的激励作用不断提升。根据双因素理论，薪酬差距反映了员工的工资水平，是对员工工作的认可，通过发挥保健功能满足其基本需求，但过高的薪酬差距也可能导致基层员工对工作的不满，最终导致激励作用失效。因此，只有通过内部薪酬的合理分配来维持保健功能和激励功能，才能有效提高企业人力资本效率。

最后，期望理论对员工个人需求与目标的关系进行探讨，由此形成了新的员工激励理论。弗鲁姆（Vroom）于1964年提出企业要想激励员工努力工作，提高人力资本效率，应满足两个基本条件，一是明确员工的激励目标，比如通过员工的努力能够获得更高的薪酬水平、实现自我价值等；二是考虑员工的有限理性，让员工相信依靠自己的努力能够达到该目标，这样就会促进员工产生期望，即"员工努力工作→实现员工绩效→实现激励目标→满足员工需求"，促进人力资本效率提升。期望理论也被称为激励的期望理论，其前提假设是员工在采取行动之前会进行理性的评估和选择，员工的行为动机取决于其获得期望回报的心理期望，具体而言：

①员工决定是否在工作中做出突出贡献或出色的表现，与绩效结果预期密切相关，这也决定了努力产生结果的主观概率，若通过采取某项措施或行为能够得到预期的回报，将会对员工产生有效激励作用，否则就会避免采取行动。

②从效价的角度来看，即员工对奖励、工作成果的情绪偏好或喜欢程度，是对预期结果重要性的感知，绩效结果会对员工需求产生价值和吸引力，如工作结果可能是薪酬增长、职位晋升，这将带来显著的正面价值，但也可能是工作压力大、不满意度高，进而产生负面价值。

③从激励机制的层面来看，激励产生的价值总和必须是正的，且只有当期望值和目标效价都处于比较高的水平时，才能充分发挥激励效果，这不仅取决于个体的努力程度，还与其自身拥有的技能和知识密切相关。绩效目标的实现往往可以为员工带来一定的报酬，其能否达到员工的满意度又受到公平性的影响，反过来影响效价和期望值，形成反馈机制。

激励理论的主要观点是员工产出水平与企业对员工的激励密切相关，假定员工工作能力保持不变，那么激励水平越高，员工投入得到的边际产出就会越高。鉴于企业高管与普通员工的工作职位、待遇、承担责任、家庭条件和自身义务等存在差异，他们的需求层次也不尽相同，采取富有针对性的激励措施对于充分调动员工的积极性和创造性是非常必要的，而薪酬激励是最直观、最有效的一种激励手段。尽管薪酬差距在一定程度上能够激发高管以及普通员工的工作热情，但随着市场化进程的推进，薪酬差距的激励效应可能有所下降。从激励内容看，薪酬差距对员工的激励是最基本的物质激励，是对员工付出的认可与回报，也是筛选高质量员工的重要指标。当最基本的物质需要得不到满足时，激励效果就会很显著，但是随着市场化进程的推进，当员工的物质需要得到满足时，员工对更高级的需求就会增加，薪酬差距的激励效果就会大打折扣，逐渐从激励因素转变为保健因素。

由于薪酬差距是企业福利水平的具体表现，反映了企业对员工的激励机制，激励理论的相关论述和分析能够用于解释薪酬差距对员工产生的影响，为本研究提供了理论支撑。从激励过程来看，薪酬差距对员工的激励强度取决于激励目标的吸引力以及员工完成目标的可能性，当员工认为激励的目标对其没有价值，或者当目标对员工来说遥不可及难以实现时，他就不会采取行动去努力完成，这必然会影响到企业的人力资本效率。因此，根据激励理论，高新技术企业薪酬差距可能对人力资本效率产生正向影响，但物质需要的激励作用是有限的。随着市场化进程的推进，薪酬差距对员工的吸引力降低，激励效应也会有所削弱，甚至对人力资本效率产生负面影响。该理论为后文关于薪酬差距与人力资本效率的竞争性研究假设的提出奠定了理论基础，具体如图2.1所示。

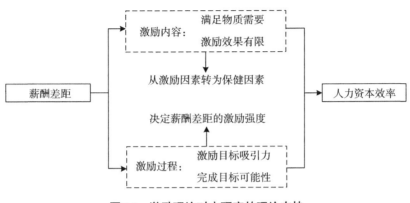

图2.1　激励理论对本研究的理论支持

2.2.2　人力资本理论

人力资本理论形成于20世纪60年代，主要代表人物是美国经济学者贝克尔（Becker）、舒尔茨（Schultz）、丹尼森（Denison）等。其中，贝克尔将人力资本界定为劳动力自身的经验、知识、能力和健康状况，是通过有目的的投资获得的资本，比如在职培训、教育、学习、医疗保健等。贝克尔基于微观视角对人力资本投资与收入分配的关系进行探讨，将员工视为企业的稀缺性资产，在此基础上提出了分享收益的激励合约模型。该学者还对员工的生产、分配、专业选择等问题进行研究，并将员工划分为通用知识型和专用知识型两个维度，是对人力资本价值模型的重大创新。其中，前者的适用范围比较广泛，但专用性程度较低，既可以为本企业提供服务，也能为其他潜在企业主体提供服务，而后者的专用程度较高，主要聚焦于现有工作效率的提升，为企业和区域经济稳定发展提供了重要保障。上述分类方法强调了员工价值对企业未来经济效益的影响。

随着社会经济的发展，20世纪80年代出现新增长理论，以罗默（Romer）为代表的学者们开始关注知识外部性和生产规模收益对经济发展的促进作用，并提出人力资本水平差异是导致各个国家或地区经济增长差异的主要原因。人力资本对经济发展的贡献突破了传统经济学理论的研究范畴，即人力资本是具有异质性的，人力资本理论为解决企业激励约束问题提供了新的视角，企业提高人力资本开发与使用所带来经济效益的有效途径，就是满足人力资本对更高薪酬水平的需求，使其能够获得剩余价值索取权、参与企业利润分配，进而充分发挥员工价值，并为企业创造更多的价值。人力资本的增长远高于物质资本的增长和收入的增长，因规模效益和人力资本带来的技术进步，导致投入与产出之间的增长速度存在差异。

人力资本对社会经济和企业发展的贡献远大于物质资本，是所有资源中最重要的资源，且具有长期效应（Waldinger，2016），其核心任务在于员工素质提升，如教育、培训、人口迁移等，使其成为高技术、高知识、高经验的员工，为企业创造更高的经济效益。人力资本对企业发展的重要性得到了许多理论的支持，如创新理论、资源基础理论、组织学习理论、知识管理理论等（Mention，2012；Ramirez et al.，2021）。如何通过员工的优化配置，激发员工的积极性和创造性，进而实现员工价值的最大化，是人力资本管理的首要任务。在员工的配置方面，主要是通过人岗匹配、内部交流和市场引进等方式实现员工数量、质量及企业需求的相互匹配，实现员工效用最大化。其中，人岗匹配是企业结合自身发展情况和实际需要设置部门和岗位，如销售型员工、管理型员工、服务型员工等，并进行员工的筛选、淘汰、竞争上岗等，确保人岗匹配。企业在经营发展过程中，也会对员工进行调整，包括内部员工的轮岗、职位升降、员工转移和调动等，通过员工的优化配置提高利用效率。在知识经济时代，员工逐渐成为企业最重要的生产要素，人力资本理论充分肯定了员工对企业发展的积极影响（Law，2010；Marko et al.，2023），而人力资本效率在一定程度上取决于劳动者的能力和努力程度，薪酬激励机制的建立为人力资本效率的提升带来了契机。

人力资本理论是研究薪酬激励效果的理论前提。由于员工带来的贡献难以准确度量，其产生的回报与其努力程度密切相关，故有学者提出应加强对员工的技术培训，进而提高劳动力生产效率，其流动性特征也决定了企业应加强对员工的监督和激励，只有这样才能最大限度发挥员工效用。在市场经济环境下，薪酬激励成为人力资本效率提升的主要管理模式，针对不同类型的员工，企业可设置不同的薪酬水平，如对有能力、有经验的员工来说，其在企业中往往占据较高的职位，其独特的才能应获得与之相匹配的员工溢价薪酬，尤其是企业高管在职业竞争中获得了晋升，理应获得比低层级员工更多的薪酬，这既是对员工价值的认可，也能调动高管和普通员工工作的积极性，提高企业经营绩效。若高管的薪酬无法体现其拥有的技能及其为企业带来的经营绩效，那么在竞争性市场中企业就无法吸引并留下员工，因此，科学合理的薪酬差距设计能够有效激发人力资本效率，薪酬差距是对稀缺性员工价值的具体体现。

人力资本理论认为员工和其他的物质资本一样能够为企业创造价值（Buallay，2018；Smriti and Das，2018），但员工具有其特殊性，是各种劳动力、生产知识、管理技能等存量之和，在使用过程中能够得到增值，并表现为劳动力知识、经验和技能的提升（Law，2010）。人力资本理论充分肯定了员工对企业发展的积极影响，而薪酬作为主要的员工投资，反映了员工的外在价值表现（杨薇和孔东民，2019），是直接影响员工努力程度，进而影响其为企业创造经济效益的重要因素，有利于充分挖掘不同类型员工的潜力，提高人力资本效率。人力资本理论是适应现代经济发展的必然结果，它是关于员工产生和发展的过程及其对经济发展的作用的理论，也是研究薪酬激励效果的理论前提。该理论对本研究的意义在于以下两点。

一是从企业的角度来看，员工在企业中承担市场开拓、生产创新、管理创新和制度创新的重任，他们的积极性、创造性直接影响企业其他资源功能的发挥。对不同类型的员工给予不同的薪酬激励，也就是设置薪酬差距体系，是对员工价值的承认和肯定，能够调动高管和不同类型员工努力工作的积极性，推动企业生产效率和经营绩效的提高。因此，根据人力资本理论可以发现，薪酬差距是影响员工努力程度的重要因素，有利于帮助企业获取、保留、激励员工提高劳动生产率，更好地发挥员工价值，实现更高的经济效益。

二是从员工的角度来看，人力资本理论认为薪酬是员工的外在价值表现，而教育是重要的员工投资，也是提升劳动力素质的关键。由于薪酬差距的存在，尤其是技术型和管理型员工，其员工存量较高，能够获得的薪酬和晋升机会较多，部分企业还会给予剩余索取权激励，这将激发员工通过高等教育提高自身知识和技术水平，成为有价值的专业化员工，高技术、高知识、高经验的员工能够带来更高的产出，提升人力资本效率。由此可见，薪酬差距能够通过优化人力资本结构进一步作用于人力资本效率，这也得到了人力资本理论的支持，具体如图2.2所示。

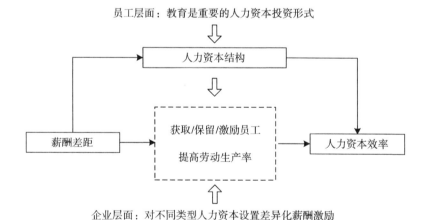

图2.2　人力资本理论对本研究的理论支持

2.2.3 锦标赛理论

拉泽尔（Lazear）和罗森（Rosen）于1981年提出锦标赛理论，对薪酬差距及其经济后果进行研究，不仅拓展了传统薪酬理论的研究范畴，解释了传统薪酬理论无法解决的现实问题，而且为企业薪酬体系设计提供了理论支撑。随着分工的逐渐细化，企业所有权与经营权分离导致委托代理问题随之产生，如何缓解委托人和代理人的利益冲突成为学者们关注的重点。锦标赛理论将员工视为锦标赛的重要参与者，提出针对不同岗位或职级的员工设计不同的薪酬水平，通过竞争获取相应排序，进而获得对应的奖金或薪水，促进员工努力晋升，并尽可能以股东利益最大化的目标去完成工作，以此缓解代理问题。职级越高、薪酬差距越大，尤其是企业的CEO作为最高级别竞争的获胜者，与其他职级员工的差距是企业所有层级中最大的。

首先，锦标赛理论有利于形成良性竞争氛围，对员工产生激励作用。锦标赛理论在发展初期主要聚焦企业高管，并将其视为参赛员工，设置不同的薪酬水平，若高管能够顺利完成预先制定的目标，那么就能够获得相应的额外奖励，进而与其他员工形成薪酬差距，这对参赛的高管而言是有效的激励措施，能够激发其通过良性竞争的方式完成既定考核目标，不断提高工作的努力程度和管理水平，帮助企业实现更高的经济效益。若同一层级的高管人数过多，在晋升过程中就会面临较大的压力，也就是晋升机会较少，这将进一步加剧高管之间的竞争程度，此时扩大层级薪酬差距将对高管产生更强的激励作用，形成对竞争成本的补偿效应，并吸引更多高素质员工到企业中参与竞争。薪酬差距与企业价值的关联度越高，企业的运营效果也就越好，同时会促进高管在竞争中提升自身价值。

锦标赛理论认为将员工的绩效与相同条件下其他员工的绩效进行比较，并将员工的相对产出作为薪酬差距设计的依据，从而激发员工为获取更高的薪酬和更高的排名而努力，最终形成良性竞争氛围（Albuquerque et al.，

2013)。由于不同职位之间的薪酬差距以及晋升到更高职位能够带来预期收益，也就是更高的薪酬水平，这种安排将对员工产生充分的激励效应。当他们希望获得的奖励越大，那么他们投入得越多，当预期所获奖励超过其投入成本时，员工就会产生足够的动力谋求晋升，进而获得差距薪酬，提高在锦标赛中的排名。

其次，锦标赛理论在实践中的应用效果受企业外部环境和内部治理结构的影响。前者主要是企业所处地区的经济发展水平、政策支持、进出口贸易环境等，后者主要是高管团队特征、内部控制、企业文化、工作内容等 (Janssen et al.，2016)，这些因素都会影响到员工的工作满意度和积极性，员工薪酬水平也会随着级别的提高而逐渐增加，最终作用于企业经济效益。随着中国经济体制改革，逐渐从计划经济向市场经济过渡，确立了按劳分配的绩效管理制度，员工工资与绩效挂钩，由此出现了薪酬差距现象。薪酬差距的增加反映了中国社会生产力和企业生产效率的提升，也促进员工产生优胜劣汰的竞争意识 (Jayant，2009)，企业薪酬结构呈现日益多元化的特征，这对提高员工积极性发挥着重要的激励作用。薪酬差距的增加有利于进一步增强员工工作的努力程度，提高产品和劳务质量，进而促进企业生产经营活动的顺利开展。

由于薪酬差距这一经济现象普遍存在，相较于传统的薪酬理论，锦标赛理论认为在实践中各层级员工的产出水平往往很难获取，企业对代理人的监控成本也比较高，这就会导致员工存在较强的懒惰激励，难以根据员工的边际产出来设计最优薪酬水平和晋升决策。然而，确定员工产出排序较为简单，也就是相对业绩比较容易确定，故将其作为薪酬设计的判断标准具有一定的可靠性和可行性，在调动高管积极性的同时，能够降低委托人的监督成本。即便员工面临共同的外部冲击，用相对业绩或相对排名来衡量员工的产出水平也不会受到影响，不仅能够准确评价员工的努力程度，降低评价风险，而且能避免员工"搭便车"的行为，激励排名靠前的员工继续保持良好的工作态度，同时激励低层次的员工为获得奖金而努力，最终实现员工的优化配置。尽管在实践中企业价值与员工薪酬可能存在冲突，但锦标赛理论认为当企业面临监管成本的上涨时，不仅需要团队成员的合作，也需要员工之间的良性竞争来解决代理问题。

最后，锦标赛理论的核心就是薪酬差距，通过差异化薪酬契约发挥员工效用最大化，使员工努力工作获得更好的薪酬水平，实现个人利益与企业集体利益的双赢。由于企业对薪酬差距监控成本的高低直接影响着企业内的薪酬差距合理与否，假定监控成本低，确定薪酬差距就相对简单，可依照企业经营管理对应代理人的产出效益，确定其所得薪酬，该薪酬差距也能较好控制；假定监控成本较为高昂，不同代理人之间的产出差距不尽明显，从而也将导致出现委托机制中最常见的偷懒问题。由于高新技术企业不同员工的薪酬差距问题始终存在，代理人薪酬水平的差距是对代理人的边际产出进行排序，而不仅仅是参照其边际产出的数值，前者更加明晰且可控性好，而且更易于操作，这将对管理型员工产生持续的激励作用，使他们为了得到更高的收入而努力奋斗，不断提高工作效率，最终表现为人力资本效率提升，也就是既定的人力资本投入将为高新技术企业带来更大的产出水平。

综上所述，锦标赛理论的提出和发展对激励理论产生了深远的影响，其研究对象范围也逐渐扩大，逐渐涵盖企业内部各个职级员工之间的薪酬差距，学者们对其在企业中的适用性和科学性进行了相应解释，这为本书关于长三角地区高新技术企业薪酬差距与人力资本效率的研究提供了理论支持。同时，根据锦标赛理论，员工为在锦标赛中获得更高的排名，将致力于提高自身的技术水平、完善知识结构等。员工通过继续学习和深造，不断优化高新技术企业人力资本结构，更好地促进人力资本效率提升，这为本书研究人力资本结构的中介效应也提供了理论依据，具体如图2.3所示。

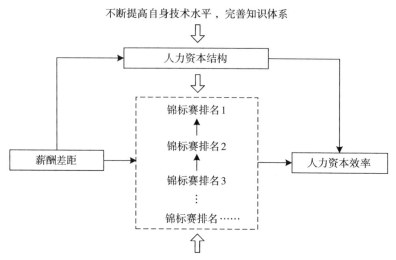

图2.3　锦标赛理论对本研究的理论支持

2.2.4　行为理论

与锦标赛理论的观点相反，行为理论认为薪酬差距对企业发展具有负面影响，缩小薪酬差距才能提高员工的公平感和满意度，社会比较理论、组织政治学理论、分配偏好理论是行为理论的主要分支。

1.社会比较理论

最早由美国学者利昂·费斯廷格（Leon Festinger）于1954年提出，该理论认为员工不仅关注其获得的绝对报酬，而且重视其相对报酬，也就是将薪酬水平与相同职级或上级部门的员工进行对比，往往会高估自身的努力和对企业的贡献。薪酬是企业经营管理和发展的重要影响因素，是企业雇佣员工支出的成本，并随着社会经济发展呈现逐年增长的趋势。由于不同员工之间的个人能力存在差异，导致企业在薪酬契约中对不同能力的员工设置不同的薪酬水平，由此产生薪酬差距，这也是企业吸引、留住员工的重要手段。尽管薪酬差距在一定程度上体现了员工的工作能力，但仍然会对部分员工的工作热情和满意度产生负面影响。如果二者的收入差距较大，那么低薪酬的员工将会产生不公平感，认为其工资待遇与个人贡献不成比例，进而质疑企业薪酬体系的合理性和公平性，在一定程度上降低员工的满意度，由此产生懒散、消极的行为，甚至引发员工离职问题，这些都会影响企业正常的经营运转。相反，如果相对报酬差距不大，也就是同层级员工的贡献报酬相近，员工就会认为企业的薪酬体系较为公平，其与管理层之间较小的薪酬差距也会提升员工的工作积极性，最终影响企业生产效率和经营业绩。

因此，社会比较理论认为薪酬水平反映了员工的努力程度和对企业的贡献，是衡量员工价值的重要判断标准。尽管不同员工的工作能力难以进行量化比较，但员工在定期取得企业发放的薪酬后，有意识地将薪酬水平与其他员工进行比较，以此判断自身薪酬的合理性，并对薪酬满意度和公平性进行判断，会影响企业整体的员工效用。近年来，薪酬差距的可接受性和满意度也受到社会各界的广泛关注。从员工个人角度来看，员工对薪酬差距的接受度不同，尤其是传统技术水平较低的员工，对薪酬差距的包容度和宽容度较低，即便薪酬差距发生微小变化也会对其行为产生较大影响。为减少该类员工的负面情绪和消极怠工行为，企业应及时进行沟通交流和技术培训，提升员工自身价值，使其为企业创造更多的贡献。从部门的角度来看，不同部门的员工所掌握的薪酬差距相关信息有所不同，这就导致其对薪酬差距的敏感性和满意度有所区别。

2.组织政治学理论

由米尔格罗姆（Milgrom）和罗伯茨（Roberts）于1988年提出，是行为理论的重要发展，主要阐述了薪酬差距对员工心理和行为的影响。在企业激励机制中，员工有不同的选择，分别是根据自身努力水平选择、在合作与利己中选择以及政治行为选择。当企业薪酬差距较大时，部分员工可能会采取非常规方式来获取更高的薪酬或收入。考虑到人的有限理性，员工过度重视个人对组织的业绩贡献，忽视了团队其他成员的贡献及个体之间的差异，导致员工存在利己主义行为，较大的薪酬差距甚至会诱发员工侵害他人或团队利益来满足自身增值报酬需求，如隐瞒重要信息、虚报业绩、政治斗争、消极破坏行为等（Firth et al.，2015），不利于团队合作和凝聚力的提升。

此外，由于薪酬差距容易衡量，而员工之间的能力差异很难进行比较分析，导致员工倾向于对他们得到的薪酬进行公平性判断，而非根据员工对企业的贡献进行判断，即便高管比普通员工的贡献更大，但薪酬差距也会给普通员工带来不公平的感受。因此，该理论的支持者认为应缩小企业的薪酬差距，减少不合理薪酬对员工工作积极性的影响。此外，组织政治学理论认为企业通过设置薪酬差距对员工产生激励效应时，会促使员工思考以下问题：一是针对企业提供的薪酬奖励，他们应付出多少努力；二是努力程度确定之后，如何在利己与团队合作中分配；三是根据企业提供的薪酬和努力程度分析，如何在政治行为方面进行选择。该理论认为当薪酬差距扩大时，员工会倾向于选择对自身有利的行为，而非以团队利益最大化为目标，甚至出现为个人私利而损害他人利益的行为，导致人力资本效率下降。薪酬差距的缩小能够在一定程度上缓解员工之间的恶意竞争和政治阴谋，增强团队整体的凝聚力，同时有利于提高薪酬制定者的权威性。

3.分配偏好理论

认为薪酬是企业对员工的报酬，是双方不断协商的过程，故薪酬并非一成不变。由于员工个人对企业的边际贡献往往难以衡量，故可以采用相同的薪酬水平，避免员工之间因不均衡的薪酬分配所导致的恶意竞争和不公平性，促进团队利益的最大化。该理论最大的贡献就是考虑了员工对公平的认可程度，并提出公平是相对的心理状态，将其他人作为参考对象能够得到相对满足的心理，比如员工自己、身边的同事、同岗位的其他员工等，若员工得到的薪酬水平是一样的，那么就能有效避免员工之间的比较，充分实现员工效用最大化。

分配偏好理论强调无差别薪酬，认为企业的薪酬体系设计应具有前瞻性，在充分与员工进行沟通交流的基础上，了解和掌握员工的薪酬需求，在确保公平的前提下尽可能提高员工满意度。由于企业内部不同员工之间的薪酬差异较为普遍，而且难以避免，这就导致员工薪酬呈现金字塔结构，即拥有低薪酬的员工占据大多数，而拥有高薪酬的员工较少，若薪酬差距呈现均等化，可能会引发金字塔结构顶端的部分员工不满，并产生消极心理，但毕竟该类员工占比较低，并不会对团队成员的凝聚力产生太大影响。相反，若企业薪酬差距较大，金字塔底层的大部分员工都会产生不满情绪，将对团队合作和员工积极性带来负面效应，并通过员工之间的讨论、舆论发酵等渠道对薪酬制定者产生威胁，故该理论也倡导缩小企业薪酬差距。

综上所述，行为理论认为企业员工是相互协作的整体，并从心理学的角度出发指出薪酬差距的增大会引发员工的不公平感，造成员工产生消极情绪，而这种消极心理将导致员工的团队意识及合作性降低，并降低其对组织共同使命、愿景的关注度，进而对人力资本效率和企业绩效产生负面影响。行为理论基于心理学视角并不认可薪酬差距对企业高管及员工的激励作用，一方面增大的薪酬差距会造成员工更多地关注自身业绩的提高，而忽视团队其他成员的业绩；另一方面员工因与高管存在巨大的薪酬差异，导致员工产生消极情绪，尤其是低层次员工的不公平感和不满意度，其直接结果就是影响员工的工作动力，最终因员工的不作为或少作为导致人力资本效率下降。行为理论为本书提出的薪酬差距可能导致高新技术企业人力资本效率下降这一研究假设提供理论支持。

此外，行为理论重点强调员工的心理，认为薪酬差距将使得员工产生不公平感、不满意感、被剥削感等负面情绪。考虑到现阶段高新技术企业中的职位、职责划分日益透明化，对相同职位的员工各方面的要求也有趋同现象，员工将致力于提高自身的学历，不断完善知识水平、工作技能，使其从一般员工向技能型、管理型员工转型，进而缓解上述负面情绪带来的影响。在获得更高薪酬的同时，高学历的员工构成也有利于高新技术企业组建优秀的组织文化，增强团队凝聚力和合作能力，在一定程度上缓解因薪酬差距导致的人力资本效率下降问题，具体如图2.4所示。

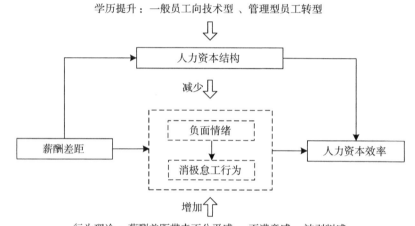

图2.4　行为理论对本研究的理论支持

根据锦标赛理论和行为理论可以发现，长三角地区高新技术企业薪酬差距可能为人力资本效率带来促进作用，但也可能带来抑制作用，这为后文提出的竞争性研究假设提供了理论依据，其作用关系是有待进一步探讨的问题。同时，长三角地区高新技术企业薪酬差距对人力资本效率的不确定性影响，也导致人力资本结构的中介作用结果尚不清晰，是值得深入研究的现实议题。

2.3 高新技术企业薪酬差距与人力资本效率研究及文献回顾

2.3.1 高新技术企业的相关研究

1.高新技术企业的概念及特征相关研究

中国政府加强对高新技术企业的支持，包括政府补贴、资金支持、税收优惠、员工培养等。高新技术是动态发展的过程，是对具有经济与社会效益的新兴技术进行研发与应用的过程，与区域经济发展密切相关，如一定时空范围内首次出现的技术、在原有技术的基础上进行改造并有所突破的技术。不同国家的经济发展和技术水平存在较大差异，对高新技术的概念界定及评价标准也不统一，由此导致高新技术企业的定义也不一致，比如：

日本将其界定为技术密集度高、创新速度快、增长能力强的企业，通过运用技术手段能够实现资源和能源利用效率的有效提升，有利于优化产业结构、提高市场占有率的企业。

美国对高新技术企业的概念界定主要是从研发强度和研发员工的占比角度进行判断，将该指标较高的企业界定为高新技术企业。

经济合作与发展组织则是从企业的产品开发能力和科研水平两个方面来判断，将产品开发能力强、科研水平高的企业界定为高新技术企业。

我国采用列举法对高新技术企业进行判断，并制定了高新技术企业认定管理办法，只要符合该办法规定的相关条件即可视为高新技术企业。

此外，我国政府部门还明确列示了重点支持的高新技术范围，比如电子与信息技术、资源与环境技术、生物技术、新医药技术、新能源与节能技术等，针对在上述领域从事技术或产品研发、生产、服务的高新技术企业，在税收、贸易、金融方面提供优惠政策。其中，信息技术、生物技术和新材料是我国范围内被公认的具有典型代表性的高新技术产业领域。

学术界关于高新技术企业的定义并不统一，综合现有学者的研究可以发现，高新技术企业呈现以下特征：

（1）注重技术的先进性，研发投入规模大，风险和收益水平高（Bicen and Johnson，2014）。高新技术企业是知识密集型、技术密集型企业，对高技术具有较强的依赖性，这就要求企业在经营过程中以前沿科学为基础，不断进行高精尖技术的研发和创新（Bicen and Johnson，2014），而这离不开资金、技术、员工等创新资源的支持，一旦新产品研发成功并投入市场，将为高新技术企业带来超额收益或附加值，甚至形成技术垄断，有利于提升企业市场竞争力。与此同时，高新技术企业的技术进步速度较快，很多产品上市一段时间后会被超越或替代，这就要求企业根据市场变化不断进行研发和创新，否则将面临被市场淘汰的风险（Song et al.，2010）。

（2）高新技术企业产品或服务的技术复杂程度高，对技术型员工的需求较大。知识资本在高新技术企业中占比较高，随着各个地区的员工竞争日益激烈，技术型员工跳槽的现象时有发生，目前高新技术企业面临较大的员工缺口，这就要求企业建立良好的激励机制，吸引并留住员工，这是高新技术企业创新成功的重要保障。

（3）高新技术企业的知识技术具有较强的扩散效应和高渗透性。高新技术企业在国家创新体系中占据核心主体地位，能够为国家经济发展提供知识、信息、技术、服务等，而知识技术的扩散和渗透，能够为其他行业企业的创新发展提供支持，进而从整体上提高各部门的技术水平，促进产业结构优化调整，实现经济高质量发展（Liu et al.，2020）。

2.高新技术企业认定的相关研究

作为科技创新和高新技术产业的重要载体，各地政府部门高度注重高新技术企业的发展，不断加强对高新技术企业的政策支持及对高素质员工的培育。学者们围绕高新技术企业的认定工作也进行了广泛研究和探讨，主要集中于高新技术企业认定对融资约束、经营绩效、创新绩效等方面的影响（Agnieszka，2013；Bronzini and Iachini，2014；Han et al.，2016）。在研究方法方面，关于高新技术企业认定的相关研究以定性研究为主，如案例分析法、归纳分析法等，也有部分学者基于定量研究的方法考察其经济后果，如双重差分法、断点回归法、群聚分析法、Heckman模型、固定效应模型以及两阶段最小二乘法等（Chen et al.，2018）。

在高新技术企业认定与经营绩效的关系中，现有研究普遍认为二者存在正相关关系。一方面，资源依赖理论认为企业发展所需的资源依赖于外部环境，而高新技术企业的认定可视为一项稀缺资源，不仅能为企业带来研发费用加计扣除优惠、所得税税收优惠等，还能够带来政府补贴资金和其他资源，缓解企业在生产经营过程中存在的融资约束问题，降低创新成本和营运成本；在政府部门的扶持作用下扩大投资规模，更好地开展研发创新活动（Eberhart et al.，2008；Becker，2015）。另一方面，高新技术企业的认定工作有利于发挥信号传递效应，在一定程度上表明其具有较强的研发和创新能力，缓解企业内外部信息不对称问题和降低信息搜寻成本（Brown and Martinsson，2019），促进外部投资者加强对高新技术企业的融资支持，并主动参与到研发项目中（Afcha，2011；Meuleman and DeMaeseneire，2012），从而帮助企业获得更多的资金资源和其他创新资源，提高自主创新能力（Aghion et al.，2013；Derrien and Kecskés，2013）。这对企业保持长期盈利和核心竞争力至关重要，对中国经济高质量发展也具有积极影响。因此，当企业被确认为高新技术企业时，有利于发挥信号传递的积极效应，帮助企业树立良好的公众形象，并带来外部融资机会（Bart，2020），吸引更多高素质创新员工资源的集聚，进而缓解高新技术企业在发展过程中面临的员工投入不足问题（郭秀强和孙延明，2020），带来更多的成果产出和高技术品牌形象（Robin，2012）。

在高新技术企业认定与企业创新的关系中，现有研究证实了认定政策对创新的促进作用（Gehringer，2013；Chen et al.，2018）。从创新投入的角度来看，鉴于高新技术企业的高投入特性，不仅在发展初期阶段需要投入大量资金，而且在不断竞争和发展过程中也需要大量投资，故保持持续稳定的研发投入对高新技术企业的创新发展至关重要。创新投入是高新技术企业通过技术研发形成新技术、新知识的重要投入要素，决定了高新技术企业创新产出的数量和水平，是影响创新绩效的主要因素之一。但考虑到技术创新的高风险性和不确定性，且具有公共产品属性，这就导致高新技术企业在实践中存在"搭便车"行为，需要政府部门的干预（Kang and Park，2012；Smith，2018）。认定政策能够弥补高新技术企业创新的正外部性损失，促进其加大研发投入力度，主要原因在于高新技术企业认定能够吸引更多的高层次员工（Manova，2013），其对员工的培训、职工教育均能享受税收优惠，在一定程度上鼓励了高新技术企业增加员工投资，提高科技型员工的占比，进而形成正反馈，通过人力资本效率提升来降低企业的用人成本和风险。

同时，政府部门的认定政策要求高新技术企业的研发费用达到一定规模可享受相应的税前扣除优惠政策，并设定了不同的等级，针对研发创新的固定资产也可能享受加速扣除政策，这不仅激发了高新技术企业创新投入的热情，而且有利于提高其研发管理水平，通过充分利用人力、物力和财力资源，实现更高的创新水平。饶（Rao，2016）、塔克劳（Takalo et al.，2017）、内加西和萨廷（Negassi and Sattin，2019）等学者均验证了税收减免、研发税收抵扣等政策措施对研发投入的激励作用。由此可见，高新技术企业的认定有利于发挥政府部门的政策红利，享受地方政府提供的资金支持、员工支持、创新支持、公共服务等，缓解高新技术企业资金压力，提高创新投入水平及预期收益，并利用信号传递机制提升高新技术企业的形象（Bossink，2020），帮助其获得更多的其他资源，如多元化资金支持、技术合作机会等，提高高新技术企业的市场价值。

从创新产出的视角来看，高新技术企业认定有利于将科技成果转化为企业创新绩效，这主要得益于：

一是高新技术企业创新投入的主要目的在于充分利用现有资源提高产品附加值和科技含量，实现自主知识产权的积累，而认定政策有利于增强企业创新投入强度，引导企业向重点支持高新技术领域转移，这决定了知识资源的获取与吸收能力（Gruber et al.，2013；Mand，2019），有效促进了高新技术产业集群的发展，降低了技术推广和应用的成本，引导并激励高新技术企业形成更多的技术创新成果，通过新知识、新技术带来创新效益。高新技术企业认定后获得的税收优惠、政府补助及其他政策资源，对创新资源配置和创新质量提升也具有促进作用（Bronzini and Piselli，2016；Ferraro et al.，2019），不仅提升了高新技术企业自身的研发活跃度（Aerts and Schmidt，2008；Foreman，2013），对其他高新技术企业也会产生激励效应，促进其他创新主体进行模仿创新，塑造企业核心竞争优势，提高其创新的积极性和主动性，加速实现技术生态位（Bianchi et al.，2019）。

二是根据前文的分析，高新技术企业认定有利于优化信息传递、促进自主知识产权的积累，政府部门对知识产权类型、获取方式等也进行了明确规定，这有利于企业按政策要求发展高新技术，提高创新资源配置效率和自主创新能力，并积极寻找推动科技成果转化的相关路径，使其向集约化、产业化、网络化方向发展，通过产学研合作与创新成员的知识交流，增强高新技术企业的知识吸收与应用能力（Cassiman et al.，2018），降低机会主义行为，由此实现更高的创新绩效（Narasimhan and Nair，2005；Hellsmark et al.，2016）。高新技术企业持续的科技成果产出还能够赋予其良好的品牌效应和促进高科技含量形成，进而帮助其塑造专有性、垄断性资源（Rusch，2012）。综上所述，高新技术企业认定对企业创新的影响机制如图2.5所示。

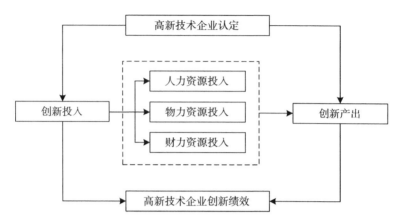

图2.5　高新技术企业认定对创新的影响机制

然而，我国政府部门对高新技术企业的认定也存在诸多争议，如下所示：

一方面，根据实践经验和高新技术企业认定相关文献，可以发现认定政策为高新技术企业享受财政、税收等优惠政策提供了制度基础，在一定程度上缓解了高新技术企业在技术创新过程中面临的融资约束问题，有利于提高企业自主研发能力，通过技术创新促进产业结构优化升级。

另一方面，政策制定和实施中很容易出现意外状况，高新技术企业创新主体存在"寻扶持"动机，在创新决策过程中为获取更多的政府资源和政府支持，将在创新数量与质量之间进行策略性选择与权衡（Wang et al.，2021；Valentin et al.，2022；Huang et al.，2023），倾向于创新数量的提升，而非创新质量的增强（Chen et al.，2011），一些高新技术企业甚至存在研发费用不达标、申请认定材料造假、认定机构片面追求数量增长导致把关不严的现象，高新技术企业的认定质量备受质疑。如2009年由财政部门牵头实施的高新技术企业抽查结果显示，73%的高新技术企业不合格，税款流失的规模高达36亿元。2011年一批伪高新技术企业不断被曝光，个别企业的研发费用仅为销售收入的0.65%，且申报专利项目与企业主营业务并不相关。这不仅造成政府资源的浪费和资源配置效率的下降，而且对其他高新技术企业利益产生了损失。企业为生存和发展，利用寻租活动谋求政府资源的现象时有发生（Boldrin and Levine，2004），高新技术企业认定作为能够为企业带来税收优惠及其他支持的一种特殊资源和稀缺资源，也受到企业的追捧，但在寻租活动中高新技术企业也会产生大量寻租成本，由此对创新资源产生挤占效应，不利于创新能力的提升（Martinez et al.，2016）。

此外，政府部门在政策制定、资源配置中掌握较高的自由裁量权，甚至决定着国有高新技术企业的高管任命，但由于信息不对称问题的存在，政府部门往往无法全面、准确地掌握企业的真实信息，这就为高新技术企业的寻租活动提供了条件，使其有更强的动机来获得政府资源或其他有利资源，但在实际的生产经营过程中，该类资源并未用于企业的生产性活动，在一定程度上削弱了高新技术企业的创新能力。

2.3.2　薪酬差距的相关研究

有学者最早关注员工薪酬持续增长现象和薪酬激励问题，通过调查研究发现薪酬与企业绩效的关系并不明显，并呼吁更多学者进行更多的研究和探讨。企业的高质量发展离不开良好的运营效率，而高管往往决定着企业的战略发展方向（Tseng et al.，2013），对高管的薪酬激励有利于提高决策效率，更好地实现员工价值（Xue，2007）。近年来，关于薪酬差距的研究成为学术界的热点议题，研究成果也逐渐丰富，大致可分为薪酬差距的分类、薪酬差距对员工行为与企业经济效益的影响、薪酬差距对研发创新与企业绩效的影响等。

1.薪酬差距的分类

从狭义角度来说，薪酬主要是员工的基本工资、奖金以及完成绩效考核目标后获得的相应补贴等，是以货币形式发放的报酬；而从广义的角度来说，薪酬不仅包括前文提到的货币薪酬，还包括各类非货币薪酬，如员工的带薪休假、技术培训、晋升机会、员工保障计划及其他非货币形式的报酬，包括员工工作产生的归属感、幸福感、成就感等。史密斯和瓦茨（Smith and Watts，1992）提出薪酬由三部分组成，分别是与企业绩效无关的基本工资、与绩效考核相关的奖金或津贴、与市场评价相关的限制性股票或股票期权，前两者是员工能够获得的货币性薪酬，最后一类是员工的权益类薪酬。桑达拉姆和耶尔马克（Sundaram and Yermack，2007）在此基础上进一步提出员工养老计划和递延薪酬计划。根据薪酬的期限分类，也可将其划分为短期薪酬和长期薪酬，前者是员工的基本工资、津贴及其他收益，后者则是员工在企业服务一定年限后取得的期权、限制性股票等。

薪酬差距是不同层级员工之间的薪酬之差，传统代理理论认为应以管理层绝对理性为前提来设计最优薪酬契约，使员工个人利益与股东利益趋于一致，但其忽视了参照准则对员工行为决策和心理感知能力的影响。因此，薪酬差距在一定程度上体现了企业薪酬激励的公平程度，从内部公平性的角度来看，主要是其企业内部高管团队成员之间的薪酬差距及高管与普通员工之间的薪酬差距。如企业员工从副总经理晋升为总经理后，其薪酬水平在一天之内可能会翻三倍，可见企业内部存在较大的薪酬差距。从外部公平性的角度来看，主要是将薪酬差距与社会公平分配数额进行比较，也就是考虑整个市场的资源配置。已有大量研究表明员工会对行业或企业内部其他员工的薪酬进行横向比较和分析，也就是说其不仅关注自身的薪酬，而且关注与他人的薪酬差距。

根据研究对象不同，可将薪酬差距划分为管理层之间的薪酬差距及管理层与普通员工之间的薪酬差距。企业设置较高的薪酬水平能够吸引有经营天赋的管理型员工，充分发挥其主观能动性，识别和利用市场机会为企业创造经济效益。莱泽尔（Lazear）和罗森（Rosen）基于委托代理的视角构建由委托人和代理人参与的静态模型，指出薪酬差距的扩大能够降低监督成本，有效提高代理人工作的积极性，并按照委托人的意愿开展相关活动。罗森（Rosen）在已有学者研究的基础上提出高管薪酬结构，并基于连续淘汰竞赛制的视角进行分析，发现高管之间的薪酬差距会随着职务升高而不断扩大，CEO和其他职级的薪酬差距是最大的。这也得到了亨德森（Henderson）等学者的支持。但与此同时，普通员工的薪酬激励对企业的发展也至关重要，高管与普通员工之间的薪酬差距逐渐受到学者们的关注。

2. 薪酬差距对员工行为与企业经济效益的影响

薪酬契约作为现代公司治理机制的重要内容，对降低委托代理问题具有促进作用，受到社会各界的广泛关注。学者们对薪酬差距对员工行为与企业经济效益影响的研究形成了两种对立的理论，分别是前文提到的锦标赛理论和行为理论。锦标赛理论由莱泽尔（Lazear）和罗森（Rosen）提出，其主要观点是不同层级员工的薪酬差距有利于发挥激励效应，实现员工价值最大化，进而促进企业经济效益提升，而行为理论是由学者卡欧赫德（Cowherd）和莱文（Levine）于1992年提出的，主要观点是员工薪酬差距会使其产生被剥削感和不公平感，对团队成员的合作产生负面影响，进而导致企业经济效益下滑。通过梳理现有文献发现相关研究结果可分为以下两类。

（1）薪酬差距通过提高员工积极性而对企业绩效带来显著的促进作用。从平均分配主义到差异化薪酬体系设计，是市场化薪酬制度发展的结果，也是企业良好公司治理能力的表现，受到学者们的广泛支持，主要研究结论在于企业薪酬差距有利于激发管理者更加努力地工作，进而促进企业绩效增长，支持了锦标赛理论的相关观点。如埃德霍夫（Ederhof, 2010）、班克尔（Banker,

2016)、帕特尔（Patel et al.，2018）等学者重点关注高管团队成员之间的薪酬差距，通过实证检验证实了高管薪酬对企业绩效的促进作用，这意味着高管团队成员的薪酬差距越大，企业绩效越好。此外，也有学者从CEO临近退休和初始上任的角度进行论证，发现薪酬差距能够促进企业经济绩效的增长，且在CEO临近退休时，薪酬差距的促进效果更为显著，而CEO初始上任时，其促进效果会有所削弱。

锦标赛理论为上述研究结论提供了充分说明和理论支持（Zhang，2014；Cloutier et al.，2013），是解释薪酬差距与企业绩效关系的基础理论之一。在薪酬差距对企业经济效益带来正向促进作用的基础上，还有一些学者从产品市场竞争、管理层权力、企业生产率、高管特征、生命周期、盈余管理的视角进行进一步阐述（Miller，2006；Tang et al.，2011；Mahy et al.，2011；Thomas et al.，2012；Brain et al.，2014；Hribar and Yehuda，2015；Park，2017），有效丰富了现有研究内容。

（2）薪酬差距容易引起员工不满，进而给企业绩效带来显著的抑制作用。班克尔等（Banker et al.，2016）进一步揭示了薪酬差距对企业绩效产生负面影响的原因，发现薪酬差距会导致员工心理发生变化，认为企业薪酬体系设计不公平、不合理，尤其是薪酬水平较低的管理者会产生消极怠工问题，最终表现为企业绩效的下降。同时，过高的薪酬差距将进一步加剧企业的代理问题，导致CEO的业绩敏感性下降（Dah and Frye，2017），薪酬的激励作用将被削弱。阿德里安（Adrian）和莫勒（Möller）在2020年提出基于团队合作的视角进行论述，发现薪酬差距会促使员工产生利己主义行为，故意向团队成员隐瞒重要信息，不利于员工之间的团队合作，进而给企业绩效带来负面影响。薪酬水平和薪酬差距直接影响员工收入水平，也是员工最关注的问题，会影响其工作满意度和行为效率（Yanadori and Cui，2013），同时对企业的风险承担水平、投资行为等产生影响（Kini and Williams，2012），最终表现为企业经济效益。

3.薪酬差距对研发创新与企业绩效的影响

也有部分学者基于创新的视角考察薪酬差距与企业绩效的关系。由于创新活动的不确定性和高风险性，且创新资金投入在短期内可能无法为企业带来经济效益，很多管理者在进行创新决策过程中，往往会规避创新项目，以期降低创新活动的不确定性所产生的风险。高管与普通员工之间的薪酬差距有利于给管理型员工带来创新激励效应，为改善企业绩效进行投资，促进其在战略选择时优先考虑增强企业创新能力，并随着薪酬差距的增加带来更高的研发投入（Sharma，2011）。针对经验丰富和技术水平较高的管理型员工，企业给予其较高的薪酬水平，由此产生的薪酬差距将进一步激发员工效用，提高高管与外部联系的紧密度，帮助不同企业之间实现资源共享和互利合作，为创新活动的顺利开展提供丰富的创新资源，进而显著促进企业创新水平的提升（Hillman and Dalziel，2023）。

从风险承担的角度来看，研发创新项目有利于帮助企业把握新的市场机遇，通过产品或技术创新形成市场竞争优势，进而实现超额收益，这对股权权益的保护也有积极影响。因此，高管为获得更高的薪酬水平，实现职位晋升，在投资决策时愿意承担的风险水平更高（Kini and Williams，2012），他们倾向于选择高风险、高收益的创新项目，以期改善企业绩效，其获得晋升的概率也有所增加（Goel et al.，2008）。其中，夏尔马（Sharma，2011）、徐等（Xu et al.，2017）研究发现薪酬差距与企业创新投入呈现正向相关关系，薪酬差距越大，企业创新投入水平越高。弗朗西斯（Francis et al.，2011）认为如何发挥员工的工作效率是企业应重点关注的内容，并指出金色降落伞计划和高管股权激励能够促进企业创新绩效提升。随着薪酬差距的扩大，高管的风险接受程度增加，但在实践中仍然倾向于采取开发式创新项目来保证企业收益的稳定性，对团队合作要求较高的探索式创新促进效果并不明显。

然而，也有学者认为大部分高管在确定获得收益之前，都存在风险规避偏好，薪酬差距的增加会促进企业高管关注自身利益，将资金投向风险小的投资项目。这也意味着薪酬差距会降低员工的满意度和工作积极性，增加员工对不确定事件或危机事件的焦虑情绪，进而导致研发创新水平下降，这极大影响了企业战略决策的有效性和战略执行效果，对企业绩效具有负面影响。

2.3.3　人力资本效率的相关研究

第一，关于人力资本的概念，学者们进行了广泛的研究和探讨。美国学者卢森博格于1917年首次提出人力资源这一概念，将其界定为实物资源的附属部分，是企业经营发展过程中用于创造资本价值的重要辅助资源。1954年，管理学家德鲁克（Drucker）明确提出员工是企业拥有的特殊资源，具有整合、协调、想象和判断能力，强调了人的主观能动性和其在管理实践中的重要性，这是其他类型资源所不具备的特征。

从广义角度来说，人力资本是社会经济活动中具有的智力或体力劳动力资源，可从劳动力数量和质量方面进行分析。前者指人口的数量，如员工数量是否与社会经济或企业生产所需的数量相匹配、是否存在员工缺口或冗余问题；后者指人口拥有的文化知识水平、技术水平，主要用于考察员工的受教育程度、培训状况以及是否满足经济发展需要（Ionescu，2011；Cauchie and Vaillant，2016）。

从狭义角度来说，人力资本是一定时期内企业中用于生产产品、提供服务的劳动力资源，企业对人力资本的利用能够为价值增长创造贡献（Law，2010），具有稀缺性、有限性、不可替代性、主观能动性等特征。

人力资本作为社会生产和经济生活的必要前提条件和物质要素基础，是经济增长的主要因素，也获得了资源理论、经济增长理论的支撑。随着人们认识的不断深化，学者们从不同角度对人力资本进行了阐述。本书从狭义视角对人力资本进行研究，并认为人力资本就是员工的劳动、知识、经验、技能的总和，是能够被企业开发、利用的特殊资源和重要的生产要素，能够为企业创造价值、带来经济效益。

第二，关于人力资本效率的定义，乔希等（Joshi et al.，2013）、阿兹琳娜等（Azlina et al.，2018）、诺拉尼等（Nourani et al.，2018）、塞缪尔等（Samuel et al.，2020）、奥洛胡纳拉等（Olohunlana et al.，2023）、穆罕默德和沙伊（Mohammad and Shairi，2023）进行了广泛研究和探讨。大致可将人力资本效率界定为企业通过充分利用员工所带来的价值增值，是衡量员工为企业创造价值的有效手段，反映了企业在员工方面的投入与产出或成本与收益的比率。其中，在投入方面，企业人力资本效率取决于其拥有的员工数量和质量，尤其对传统经济中的生产环节具有重要影响。随着社会发展，企业对劳动力知识、技能、受教育程度等需求越来越高，这些都反映了员工的高质量投入。在产出方面，主要是员工对企业发展的有效贡献程度，通常用企业绩效的相关指标来进行分析（Nimtrakoon，2015；Smriti and Das，2018；Buallay，2018）。

从企业的角度来说，人力资本效率是企业根据价值最大化的目标导向充分发挥员工的主观能动性，为企业价值增长做出有效贡献的程度。从员工的角度来说，则是员工能力发挥的有效程度，最终表现为员工的工作绩效、为客户提供的高质量产品和服务、为企业创造的财富等（Weqar et al.，2021；Ramirez et al.，2021）。人力资本效率同时考虑了员工的主观能动性和外部环境的影响，如员工所处的生活环境、生产条件、技术先进性等，人力资本效率提升是企业获得可持续竞争优势的关键。随着员工投入数量的增加，能够带来的有效产出水平却逐渐降低，也就是在一定时期内员工的边际效用递减，这意味着对企业来说员工数量的投入并非越多越好，如何提高人力资本效率成为企业关注的核心问题。

第三，关于人力资本效率的影响因素及评价。人力资本效率的主要影响因素大致分为三类，包括企业因素、员工自身因素、外部环境因素，如企业现金流量、员工计划、薪酬水平、管理服务、生产率、员工素质、知识水平、信息技术、制度及政策环境等。在实证分析之前，有必要构建科学合理的评价模型，对人力资本效率进行客观、科学的评价，这也是研究顺利进行的必要前提和基础。关于人力资本效率的评价，相关成果较为丰富。

其中，乔希等（Joshi et al.，2013）、卡马尔丁等（Kamardin et al.，2015）、布阿莱（Buallay，2018）、阿兹琳娜等（Azlina et al.，2018）、塞缪尔等（Samuel et al.，2020）、穆罕默德和沙伊（Mohammad and Shairi，2023）、马尔科等（Marko et al.，2023）均基于价值视角计算人力资本效率，即企业增加值与人力资本价值之间的比率。郑等（Zheng et al.，2018）、曹院平（2019）采用随机边界分析函数（SFA）方法对人力资本效率进行综合评价。诺拉尼等（Nourani et al，2018）、刘婉琪和任毅（2018）、奥洛胡纳拉等（Olohunlana et al.，2023）基于投入产出的视角采用DEA方法对人力资本效率进行测度。哈斯纳乌伊（Hasnaoui，2023）采用经济增加值与人力资本投资的比值来衡量人力资本效率。

由于本书聚焦长三角地区的高新技术企业，评估其在市场中的竞争地位、发展能力主要以企业经济效益为基准，如主营业务收入、人均收益水平等，都是通过人力资本效率提升来实现的。鉴于此，本书借鉴已有的研究成果，基于投入产出的视角对长三角地区的高新技术企业人力资本效率进行测度，这为后文的实证研究奠定了基础。

2.4　文献空白

学者们围绕高新技术企业的概念界定、高新技术企业认定工作、高新技术企业薪酬差距的激励效应、人力资本效率的定义、人力资本效率的评价指标及评价方法等进行了广泛研究和探讨，并取得了丰富的研究成果，为本研究提供了理论支撑和文献参考。然而，现有研究仍然存在以下不足。

第一，现有研究存在情景局限性，鲜少聚焦长三角地区，对该地区高新技术企业人力资本效率进行分析和评价。

通过梳理现有关于高新技术企业的相关文献发现，学者们主要围绕高新技术企业的概念界定、高新技术企业认定政策对融资约束、企业绩效的影响等进行了广泛研究和探讨，但主要立足于中国所有地区的高新技术企业上市公司进行研究，忽略了各地区在经济、金融、社会文化等方面的差异，这导致已有研究结果缺乏针对性。尽管部分学者考察了中国高新技术企业员工发展及存在的问题，但鲜少从区域层面对人力资本效率进行综合评价，长三角地区高新技术企业人力资本效率究竟如何，现有文献鲜有涉及，这就导致我们很难准确把握当前长三角地区高新技术企业员工的发展趋势及存在的问题，而这对区域人力资本效率提升、对政府部门精准施策具有重要指导意义。因此，有必要考虑我国区域不均衡发展的空间特征，以长三角地区高新技术企业为研究对象，对其人力资本效率进行系统分析和评价。

第二，长三角地区高新技术企业薪酬差距对人力资本效率的影响及作用路径有待进一步明晰。

尽管学者们注意到了企业薪酬差距这一现象，并从薪酬差距的分类、薪酬差距对员工行为及企业经济效益的影响等方面展开论述，但主要考察了薪酬差距的经济后果，如薪酬差距对企业绩效的影响、薪酬差距对企业创新的影响，而忽视了人力资本在其中发挥的作用。薪酬作为员工外在价值的表现，体现了高新技术企业员工福利水平，能够影响员工的积极性、满意度、团队的凝聚力，最终通过员工行为表现对经济绩效产生影响，薪酬差距对人力资本效率的影响是值得关注的重要研究议题。同时，现有文献缺乏针对性，并未考虑高新技术企业的发展特征，导致研究结果的准确性和适用性大打折扣。由于不同地区、不同行业的企业治理特征存在显著差异，对高新技术企业而言，其生存的核心在于创新成果和技术研发的先进性，这对人力资本效率提升提出了更高的要求，结合长三角地区高新技术企业的发展现状，论证薪酬差距对其人力资本效率的影响显得尤为必要和重要。

此外，现有研究忽视了人力资本结构在薪酬差距与人力资本效率之间发挥的作用，鲜少将三者纳入同一研究框架进行分析，实证检验更是匮乏，而本研究结合长三角地区高新技术企业的实际情况，发现薪酬差距可能通过影响企业人力资本结构，进而作用于人力资本效率。因此，现有文献的研究范畴有待进一步拓展，这有利于全面理解薪酬体系设计与人力资本效率之间的关系及内在传导机制。

第三，现有研究忽视了企业微观特征和外部环境的差异，这可能导致薪酬差距对人力资本效率的影响存在异质性。

通过梳理现有文献发现，学者们主要围绕薪酬差距或人力资本效率进行单方面的研究，鲜少以长三角地区高新技术企业为研究对象，将二者结合起来进行理论分析和实证检验，而人力资本效率不仅受薪酬水平的影响，而且不同规模、产权性质、两职分离程度的企业间可能存在显著差异。同时，高新技术企业人力资本效率在一定程度上也受到外部宏观环境的影响，如所在地区不同、行业属性不同，都会影响到员工的心理或行为，进而表现为人力资本效率差异。然而，目前的文献并未考虑企业微观特征和外部宏观环境不同所导致的高新技术企业薪酬差距对人力资本效率的异质性影响，这将直接影响研究结果的准确性和适用性，相关政策研究也就缺乏针对性。因此，有必要对现有研究的边界条件进行拓展，进而得到更为细致的研究结论，长三角地区高新技术企业人力资本效率提升的相关政策也有待进一步优化。

综上所述，现有研究鲜少考察薪酬差距对人力资本效率的影响，其内在作用机制如何仍有待进一步探讨。长三角地区高新技术企业薪酬差距能否有效发挥激励作用，实现人力资本效率提升呢？人力资本结构在其中发挥的作用又如何，究竟是增强薪酬差距对人力资本效率的促进作用，还是进一步削弱薪酬差距对人力资本效率的抑制作用？这些都是值得深入研究和探讨的重要现实议题。相关问题的解答需要数据支撑，也就是要通过实证检验进一步提高本研究的客观性和准确性。由于现有研究嵌入情景局限性，学者们鲜少聚焦高新技术企业，对薪酬差距的研究也主要集中于薪酬差距对企业创新的影响（Francis et al.，2011；孔东民 等，2017；Smulowitz and Almandoz，2021）、薪酬差距对企业绩效的影响（Ostroff and Bowen，2016；Banker et al.，2016；Coles et al.，2017；Ma et al.，2020）、薪酬差距对生产率的影响（Faleye et al.，2013；Firth et al.，2015；Dai et al.，2017；Xu et al.，2017），重点关注薪酬差距产生的经济后果。现有研究并未将薪酬差距、人力资本结构及人力资本效率纳入同一研究框架，通过前文分析，我们发现这可能是影响高新技术企业人力资本效率提升的潜在解决方案，这为本研究提供了新的契机。

2.5　研究框架

目前制约高新技术企业发展的因素和薄弱环节就是员工管理问题，尤其是高技术员工流失严重导致人力资本效率持续下降，部分高新技术企业生产任务被迫暂时中断，生产成本也随之增加，如招聘替代者的成本、员工培训成本、新研发费用的投入等，影响企业组织结构的稳定性和员工工作的连续性及工作质量，甚至影响企业员工结构和发展战略。在知识、科技、信息全球化背景下，决定高新技术企业发展的核心要素不再是物质财富的多少，而是人力资本效率的高低。高新技术企业人力资本效率不仅取决于员工自身的工作努力程度、职业素质及工作能力，而且取决于高新技术企业是否具有恰当的薪酬制度安排，通过薪酬激励与约束影响员工行为，这也是现代企业制度建立的关键和重点。

因此，本研究对长三角地区高新技术企业薪酬差距与人力资本效率的关系进行研究，并基于人力资本结构的视角试图揭示其内在作用机制。首先，分析薪酬差距对人力资本效率的影响；其次，探讨薪酬差距通过人力资本结构作用于人力资本效率的作用机制；最后，从企业微观特征差异和区域宏观环境差异两个维度，考察薪酬差距对人力资本效率影响的异质性，进一步拓展现有研究的边界条件，得到更为细致、全面的研究结论，以期为人力资本效率提升提供更具有针对性的指导。具体研究框架如图2.6所示。

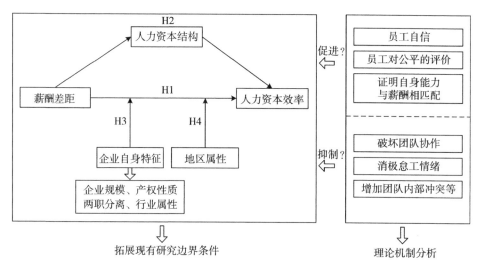

图2.6　研究框架

2.6　假设发展

2.6.1　薪酬差距与人力资本效率的关系

　　员工是企业竞争的核心资源，具有高水平职业素质、丰富经验、管理能力和技术的员工是企业可持续发展的主力军，也是企业价值增长的主体，对企业保持核心竞争优势发挥着重要作用。为最大限度地发挥人力资本效率，企业有必要建立有效的激励机制，其中最关键的就是薪酬激励，这是因为薪酬是员工能力和个体价值的最直接体现，也是员工努力工作的重要驱动因素。然而，对员工产生激励效应的不仅包括薪酬水平，还有薪酬差距，反映了异质性员工对企业价值的贡献程度。随着经济发展，中国人口红利效应逐渐消退（叶涛 等，2022），长三角地区高新技术企业为提高员工的积极性，借鉴发达国家的经验做法，在薪酬体系设计中考虑薪酬差距。20世纪以来，薪酬差距呈现不断扩大的发展趋势，天价薪酬的相关报道也引起了政府、媒体、社会公众的广泛关注。本节将从薪酬差距对员工的激励效应角度进行分析，进而揭示其对人力资本效率的影响。

一方面，高新技术企业注重技术的先进性，具有研发投入规模大，风险和收益水平高的特征，对高素质、高技术员工的需求较大，这也是推动高新技术企业创新发展的必要前提条件。较高的薪酬能够对员工产生吸引效应，加速高素质、高技能员工的集聚，促进其选择不同的薪酬契约来实现自身价值（Abdel，2003），但与此同时也带来了不同层次员工之间的薪酬差距问题。根据锦标赛理论，高新技术企业的每一位员工都是锦标赛中的竞争者，为持续获得较高的薪酬收益或维持现有职位，员工之间将展开良性竞争，设法提高企业边际产出以在锦标赛中胜出，对绩效增长具有显著促进作用（Lallemand et al.，2004；He and Fang，2016）。薪酬差距是对员工优异表现给予的额外奖励（Kini and Williams，2012；Shen and Zhang，2018），薪酬差距越大，普通员工或非CEO高管晋升为CEO高管之后能够获得的报酬越多，他们想要成为CEO高管的意愿也就越强烈，在日常工作中也就会努力工作，不断提高自身的工作表现，以期获得更高的收入绩效或实现岗位晋升，这对降低员工的离职倾向也有积极影响（Merriman and Deckop，2007）。格哈特和赖恩斯（Gerhart and Rynes，2003）也指出薪酬差距有利于促进高管努力工作和积极履行职责，并对其他高素质员工产生吸引力，通过吸纳优质员工提高人力资本效率。

另一方面，在高新技术企业中处于核心地位的CEO，在竞争环境中感受到自身权力地位、利益受到挑战和威胁，将更加珍惜自己的工作机会，为维持既有薪酬和职级而致力于提高工作效率，并为企业可持续发展而努力，做出高质量的经营决策。因此，从投入产出的视角来看，高新技术企业在投入既定资源的条件下，因薪酬差距产生的激励效应有利于促进员工努力工作（Kong et al.，2020），进而创造更多的经济效益，实现员工产出的最大化（Trank et al.，2002）。薪酬差距作为高新技术企业对不同层级、岗位员工的监督、激励措施，对人力资本效率提升具有显著促进作用，且薪酬差距的持续扩大有利于增强锦标赛激励效果，是行之有效的激励方式（Messersmith et al.，2018）。

综上所述，高新技术企业的所有员工都可以被视为参加锦标赛的竞争者，核心高管、非核心高管、普通员工之间存在的薪酬差距可被看成是企业为高管晋升而设立的奖金，高管业绩边际产出排名最高者即可赢得竞赛、获取高额薪酬、晋升成功（Zhang，2014）。因此，较高的薪酬差距可以使得部分员工产生较高的职业发展目标，通过努力工作满足其晋升需求，具有较大的吸引力（Cloutier et al.，2013；Albuquerque et al.，2013）。受薪酬差距激励的员工为了创造更高的边际产出，有更强的动力努力工作，进而带来更高的人力资本效率，促进高新技术企业可持续发展。据此，本书提出以下研究假设。

H1a：长三角地区高新技术企业薪酬差距对人力资本效率提升具有显著促进作用。

尽管我国政府提倡"橄榄型"社会收入结构，减少高收入群体、扩大中等收入群体，但在企业层面仍然存在较高的薪酬差距。过高的薪酬差距也可能对人力资本效率带来负面影响，进而引起员工消极怠工的行为，导致企业生产效率下滑（Bebchuk et al.，2011；Firth et al.，2015），这与现阶段我国政府所提倡的高新技术企业高质量发展目标导向相悖。格哈特和方（Gerhart and Fang，2014）、格拉斯等（Gläser et al.，2017）也验证了由薪酬产生的负面激励效应。从管理层的角度来看，管理者作为高新技术企业战略制定者，在经营管理过程中占据主导地位，过高的薪酬差距容易引发管理者的机会主义行为。管理者之间为争夺有限的资源将产生恶性竞争，给团队合作带来负面影响，有损企业运营效率。从普通员工的角度来看，普通员工是高新技术企业战略的真正执行人，薪酬差距容易使低层级员工产生不公平感和不满情绪（Mitchell et al.，2018；Dahl and Pierce，2020），进而影响员工的工作热情和积极性，减少对高新技术企业的付出。

根据前文提到的行为理论，过高的薪酬差距所导致的不公平分配问题，可能会引发员工之间的恶意竞争。薪酬水平低的员工会向上比较，即与团队内其他薪酬高的员工进行对比，且往往只关注薪酬比较的结果，很少考虑努力、能力、技能等投入要素和投入程度差异。一旦企业薪酬差距过大，拥有低薪酬的员工便会产生被剥削、不被重视的感觉，进而诱发不满情绪（Mitchell et al.，2018；Allan et al.，2020）。这种不满情绪本质上属于一种不愉快的感受，会降低个人生活、工作的效用，从而导致薪酬低的员工之间的恶意竞争，争夺可用冗余或者挤占其他员工的可用资源（Goel and Thakor，2008），最终导致人力资本效率损失，在实践中也受到诸多批评（Dahl and Pierce，2020）。

此外，当普通员工投入的努力不能获得预期产出或回报时，就会触发压力效应（Hobfoll et al.，2018），为获取额外收益或其他有价值的资源，员工在日常工作中倾向于选择对自身更有利的自利性行为（Ensley et al.，2007；Zhang et al.，2018），不利于团队成员的合作与知识共享（Du and Choi, 2010），进而影响高新技术企业团队的稳定性和凝聚力，最终引起员工产出水平的下滑，导致人力资本效率下降。因此，管理者和普通员工都是为高新技术企业服务，一个是战略制定者，一个是战略执行者（Zhang et al.，2020），在薪酬方面却存在较大的差距，可能增加员工之间的内部冲突，进而对薪酬激励效果产生扭曲，不利于人力资本效率提升。本书在现有文献的基础上，提出以下研究假设。

H1b：长三角地区高新技术企业薪酬差距对人力资本效率提升具有显著的抑制作用。

2.6.2　人力资本结构作为薪酬差距与人力资本效率的中介变量

中国经济的发展有效提高了区域教育水平，员工素质获得了大幅提升，高新技术企业很多高管都拥有硕士或博士学位，但在员工的分布上却呈现一定的区域集中性，各类专业技术员工也呈现空间分布不均衡的特征。在薪酬差距的影响下，低学历的员工认为自身较低的薪酬水平主要是受到高层次员工的侵占（Banker et al.，2016），即便薪酬差距会不断优化高新技术企业的人力资本结构，但也会使员工产生强烈的不公平感，尤其是低学历员工认为他们为企业发展付出努力，但并没有获得应有的报酬，这样就会降低员工的积极性（Alesina et al.，2004），由此产生消极怠工的行为来应对其被侵占的现状，这最终反映在企业人力资本效率的变化上。

一方面，低学历的员工，如高中及以下学历的劳动者，其在市场中的议价能力较弱，当高新技术企业以创新发展、利润增长为主要目标时，因该类员工对企业发展的贡献有限，故愿意支付的薪酬水平较低，最终导致的结果就是低学历员工逐渐被淘汰或主动辞职，以此避免薪酬差距带给他们的压力和负面效应（杨薇和孔东民，2019）。因薪酬差距产生的不满或不公平感，低层次员工的流动性会增加，而留下来的员工将更加努力，有利于充分发挥员工效用。另一方面，低学历的员工提供的劳动技能水平较低，在企业中很容易被他人取代，也就是可替代性较强，当其无法接受高新技术企业不断扩大的薪酬差距时，劳动力市场中的同质员工将会及时流入，进而补足高新技术企业面临的劳动力空缺。同时，这些劳动者在选择岗位时，因自身能力有限，也会放弃那些对技能需求较高、薪酬水平也比较高的岗位，对薪酬差距的变化较为敏感。

然而，对高学历的员工而言，尤其是拥有硕士或博士学位的员工，往往掌握丰富的知识、技能、管理经验等，在薪酬方面的要价能力较强，薪酬差

距有利于吸引这些高素质员工，显著提高其工作满意度和创新决策执行效率
（Xu et al.，2017；Thong，2018），进而为企业创造更高的价值和经济效益。
此外，员工作为高新技术企业生产经营活动的主体，其人力资本效率必然受
到员工教育背景的影响，这也得到了高阶梯队理论的支持。相较于高学历的
员工，低学历员工往往在工资福利分配方面处于劣势地位，更容易产生不公
平感，直接影响人力资本效率，而高学历的员工更加关注晋升后获得的报酬，
扩大薪酬差距有利于发挥锦标赛效应（Kini and Williams，2012），提高人力资
本综合效率。

综上所述，若高新技术企业设置较高的薪酬差距，那么将对拥有高学历层
次的员工产生较强的吸引力，尤其是拥有硕士和博士学位的员工更容易获得政
策红利，促进企业人力资本结构的优化调整。因此，薪酬差距会对企业内部人
力资本结构调整产生影响（Yang and Kong，2019）。高新技术企业设置差异化
薪酬体系，并针对不同教育层次的员工设计与之相匹配的薪酬水平，可能会通
过人力资本结构调整而作用于人力资本效率。也就是说，人力资本结构在薪酬
差距与人力资本效率之间可能发挥着中介作用。因此，本书提出以下研究
假设。

H2：人力资本结构在高新技术企业薪酬差距与人力资本效率之间发挥着显
著中介效应。

2.6.3　企业自身特征作为薪酬差距与人力资本效率的异质性变量

1.企业规模的异质性

不同规模的高新技术企业资源分配能力不同，风险承担能力也存在较大
差异。根据熊彼特假说，规模较大的高新技术企业更容易获得资金、员工数
量等方面的比较优势，资金实力和风险承担能力较强，为持续扩大企业规模

和市场占有率，倾向于采用较高的薪酬来吸引高素质、高技术员工，并给予其股票期权或限制性股票，促进员工与企业战略目标的一致性，实现组织价值创造（Lerner and Wulf，2007；Belloc，2012）。即便因薪酬差距导致部分员工产生不满情绪甚至离职，高新技术企业正常的经营运转也不会受到太大影响，其有更强的意愿来提高管理型员工的薪酬水平，通过薪酬差距促进员工的内部竞争。同时，规模较大的企业在前期依赖知识积累、技术优势和产品优势中获得了快速发展（黄宏斌 等，2016），高素质、高技能员工以及资金等资源迅速积累，代理问题也逐渐显现，高管对货币收益的预期开始增加，进而影响其经营决策（Lee et al.，2019），这进一步促进高新技术企业通过采取薪酬差距的方式来降低代理问题。在薪酬契约的引导下，高管为完成薪酬激励考核指标而努力（Lin et al.，2011），有利于为企业创造更多的价值，实现人力资本效率提升。

然而，对规模较小的高新技术企业而言，其应对风险的能力较弱，财务基础也比较薄弱，在激烈的外部竞争和市场环境不确定性下，若扩大高管与普通员工之间的薪酬差距，不仅会增加员工的不满情绪，不利于团队成员之间的合作（Byun，2014），而且会进一步增加企业面临的资金链紧张问题，管理者对未来经营不确定的预期也会影响其经营决策（McMullen and Shepherd，2006），尤其是近两年受新冠疫情影响，在经济增长乏力的现实背景下很难有充足的资金向员工支付高额薪酬，故相较于大规模企业存在薪酬空间劣势，在进行薪酬调整相关决策时，小规模高新技术企业会更加谨慎。亨德森和弗雷德里克森（Henderson and Fredrickson，2001）等学者均验证了企业规模对薪酬差距的影响，这将进一步影响薪酬差距对人力资本效率的作用效果，故本书提出以下研究假设。

H3a：企业规模不同导致高新技术企业薪酬差距对人力资本效率的影响存在差异。

2.产权性质的异质性

产权性质是影响企业制度环境的重要因素，与企业股权结构和留存收益的构成密切相关，故有必要考察因产权性质不同对薪酬差距与人力资本效率的影响。根据前文的分析，学者们对产权性质的划分采用了不同的方法，本书以高新技术企业的实际控制人为判断标准，采用前文提到的第三种分类方法，将产权性质划分为国有企业和非国有企业进行研究。

在不同产权性质的企业中，高管对薪酬的敏感度存在较大差异，这就导致薪酬差距对人力资本效率的影响可能存在异质性。国有高新技术企业的薪酬制度相对保守，在薪酬差距设计时存在较多的制约因素，如2003年我国政府提倡国有企业适当拉开薪酬差距、2009年提出高管与员工的薪酬差距不得超过20倍、2014年进一步提出深化国有企业薪酬改革，并将薪酬差距调整为不得超过8倍。此外，2015年我国还制定了国有企业负责人薪酬制度改革方案，明确提出对高管和部分垄断性国有企业负责人的薪酬水平实施限制，缩小企业内部的薪酬差距，促进形成高管与普通员工之间合理的薪酬分配关系，在经济发展的同时实现社会财富的公平分配。2018年进一步提出在实施差异化薪酬分配办法的同时，应完善国有企业薪酬结构，将高管薪酬与企业经营绩效挂钩，随后在全国范围内展开了对国有企业高管的薪酬改革。政府限薪令的实施在一定程度上降低了企业的薪酬差距，加上国有高新技术企业尝试实施低工资、泛福利的政策，高管与普通员工之间的薪酬差距相对不大，其对人力资本效率的影响是有限的。

同时，国有企业的高管往往由政府委派任命（Li and Zhou，2005），薪酬差距不足以成为高管努力工作的重要激励因素。

在锦标赛竞争中，若参赛者存在异质性，对获胜者的晋升或薪酬激励并不能自动产生更高的资源配置效率，这破坏了锦标赛的激励作用。因此，在国有高新技术企业，薪酬差距对人力资本效率的促进作用有限，甚至可能会出现负面影响。然而，非国有高新技术企业的薪酬制度并不受政府部门的过度约束，高管与普通员工之间的薪酬差距相对较大，高管为了避免晋升竞争带来的压力和威胁，往往会将自身的职业发展与企业价值提升相结合，其对高新技术企业带来的边际产出也容易衡量，有利于减少员工的偷懒和"搭便车"行为，这对充分发挥员工效用具有积极影响。同时，在非国有高新技术企业，员工对薪酬业绩的敏感性远远高于国有企业（卢锐 等，2011），在相同的薪酬激励水平下，由于员工面临市场化劳动者竞争环境，薪酬差距有利于促进员工为晋升、获取高薪酬的职务而努力，以更高的积极性去实现企业经营目标，有利于更好地释放锦标赛的激励效果，实现人力资本效率提升。因此，产权性质会对企业薪酬差距产生影响，产权性质不同进一步导致薪酬差距与人力资本效率的关系存在异质性，故本书提出以下研究假设。

H3b：产权性质不同导致高新技术企业薪酬差距对人力资本效率的影响存在差异。

3.两职分离的异质性

自伯利（Berle）和米恩斯（Means）提出所有权与经营权分离问题后，委托代理关系逐渐引起理论界和实务界的广泛关注，其核心问题之一就是如何设计合理的薪酬体系激励代理人。两职分离或两职合一是企业权力结构安排，是用于判断企业CEO与董事长是否兼任的重要指标。当高新技术企业两职分离程度较低时，CEO个人权力较为集中，在逐利性动机的驱动下倾向于通过发挥控制权来获得额外收益，从而对董事会的相对独立性产生干扰，诱导其制定对自身有利的绩效考核标准（Morse et al.，2011）。在薪酬总额一定的情况下，CEO获得的薪酬分配较多，则意味着其他员工的薪酬水平会降低，CEO对薪酬契约进行调整或干涉直接影响其他高管和员工对薪酬业绩的敏感性，并表现为薪酬差距的持续扩大（黎文靖和胡玉明，2012），最终影响薪酬差距与人力资本效率的关系。若高新技术企业CEO兼任企业董事长，其个人职权不断增大，拥有经营管理中的自由裁量权（Hayward et al.，2004；Chatterjee and Hambrick，2007），进而出现"一家独大"的现象，这为 CEO 寻租提供了契机，在经营发展中将倾向于采用业务安排、会计操作等措施来实现更高的绩效薪酬（Bergstresser and Philippon，2006；Brain et al.，2014），甚至主导薪酬制度的设计。

薪酬契约是委托代理理论的核心。一般而言，两职分离程度越低，高管与员工之间的薪酬差距也就越大。当高新技术企业业绩上升时，高管获得的薪酬增幅也远高于普通员工，下属高管能否获得晋升机会和有竞争性的绩效薪酬受到 CEO 的制约，导致他们的潜在晋升机会变小，这也削弱了其他高管对 CEO 职位和权力所构成的威胁。因此，在两职分离程度较低的情况下，高新技术企业实际控制权逐渐向 CEO 转移，往往会通过盈余管理摄取控制权收益（Bebchuk et al.，2002；Gopalan and Jayaraman，2012），薪酬差距对员工的激励作用较为有限，在一定程度上影响其工作的积极性，最终导致人力资本效率下滑。相反，在两职分离程度较高的情况下，有利于更好地发挥董事会的监督职能，抑制高管利用自身权力扩大薪酬差距的行为。因此，本书认为两职分离程度影响高新技术企业薪酬差距与人力资本效率的关系，并提出以下研究假设。

H3c：两职分离程度不同导致高新技术企业薪酬差距对人力资本效率的影响存在差异。

4.行业属性的异质性

随着我国上市公司信息披露制度的不断完善，员工对薪酬差距的感知不仅源于高新技术企业内部不同员工之间的比较，而且来源于外部其他企业之间的薪酬比较。员工对薪酬差距的充分感知，使其有强烈的动机努力工作，进而实现令人瞩目的经营业绩和职位晋升机会（Fee and Hadlock，2003；Graham et al.，2005）。尽管本书聚焦长三角地区高新技术企业，但其所属不同行业的资源基础存在较大差距，如金融业和房地产业，这些部门由于垄断经营、不公平竞争以及较易获得政府高额补贴，从而能长期获得高额利润，其工作中的隐含福利较高，薪酬水平往往具有绝对优势，形成高层次员工集聚的核心吸引力。同时，不同行业属性的企业经营管理模式也有所不同，加上员工的流失、跳槽行为主要发生在同行业之间，故薪酬激励的有效性与其所处的行业属性密切相关（Faulkender and Yang，2010；Coles et al.，2017），这也得到了超产权理论的支持。

在垄断行业，因进入壁垒较高，该行业领域内的高新技术企业面临的市场竞争环境较为宽松，具有资源、技术等方面的独特优势，导致其在生产经营过程中处于垄断地位，更容易获得高额利润和垄断收益，员工对企业绩效的贡献难以区分，在该情境下增加部分员工的薪酬水平、扩大高管与普通员工之间的薪酬差距将会激发员工不满情绪，不利于团队成员的合作和良性竞争，这在一定程度上制约了员工效用的有效发挥。同时，薪酬差距会对员工带来激励效应，进而产生的经济收益远低于垄断行业本身对利润的影响，薪酬差距对人力资本效率的影响受到限制。

在非垄断行业，各个企业之间的竞争较为激烈，故员工的流动性增强，高新技术企业为了留住员工，并吸引更多高素质、高技术的员工来企业工作，往往会承诺支付较高的薪酬水平，这将进一步拉大高新技术企业薪酬差距。在激烈的行业竞争环境中，企业面临较高的破产威胁和声誉压力，这对管理型员工引进新技术、新产品带来激励效应，由此对企业经济效益所作出的贡献也比较容易区分，此时增加管理者的薪酬水平或扩大高管与员工之间的薪酬差距，可以被理解为高新技术企业对管理者工作能力的认可，有利于激励员工更加努力地工作。此外，在非垄断行业，高新技术企业面临的市场竞争环境激烈，产品的同质性程度较高，导致企业处于被动接受市场价格的地位，故普通员工的可替代性较强、薪酬议价能力较低，而拥有管理经验的高管对企业发展发挥着关键作用，其努力程度、创新程度能够直接影响企业在行业竞争中的地位，薪酬差距能够更好地激励高管努力工作，提高员工产出水平。因此，行业属性不同可能导致薪酬差距产生的行业锦标赛激励效果有所不同（Coles et al.，2017），进而对人力资本效率的影响产生异质性，故本书提出以下研究假设。

H3d：所属行业不同导致高新技术企业薪酬差距对人力资本效率的影响存在差异。

2.6.4 地区属性作为薪酬差距与人力资本效率的异质性变量

随着市场竞争日益激烈，高新技术企业对员工所拥有的知识、技术、管理能力等方面的要求不断提升，并设置与员工能力相匹配的货币薪酬。薪酬差距体现了高新技术企业对部分员工能力的认可，最终影响企业的人力资本效率，但薪酬差距与人力资本效率的关系可能受地区属性的影响，原因在于不同地区的经济发展水平、市场竞争环境等存在较大差异（Chen et al.，2011），因地区的非均衡发展导致高新技术企业的研发投入和创新活动存在较大差异，对员工的可得性和资源配置效率有显著影响，进而影响薪酬激励的有效性，最终表现为人力资本效率差异。

在经济发达的地区，市场化水平相对较高，有效降低了高新技术企业内部及其与外部投资者之间的信息不对称问题，基于相对业绩的员工薪酬水平与自身的努力程度关系密切，薪酬差距能够充分调动员工的工作积极性。同时，在经济较为发达的地区，高新技术企业能够获得的政府资源更多，如资金支持、员工培养、税收优惠等，并能够从金融机构获得更多的融资支持（Dijkstra and Mathew，2011），企业有较强的资金实力进行薪酬差距设计，吸引优秀员工到团队中，提高高管和非高管的薪酬满意度（Messersmith et al.，2011），进而激发员工之间的良性竞争和创造性，实现更高的员工产出。

然而，在经济发展相对落后的地区，因信息不对称导致高新技术企业的外部投资者无法直接观测到员工的工作状态，这也为员工尤其是管理者偷懒和搭便车行为提供了外部条件（John et al.，2008）。此外，行为人在进行决策时倾向于与他人比较，也就是选取参照点，薪酬契约的参照效应也会影响薪酬差距对人力资本效率的作用效果。当高新技术企业员工发现其薪酬水平低于同行业其他地区的薪酬水平时，可能采取消极怠工、职务侵占等方式来谋取私利，以此弥补薪酬契约中的失衡感，机会主义行为动机更加强烈。进而影响人力资本效率。因此，本书认为高新技术企业所属的地区不同，会对薪酬差距与人力资本效率之间的关系产生影响，故提出以下研究假设。

H4：所属地区不同导致高新技术企业薪酬差距对人力资本效率的影响存在差异。

2.7　总结

本章通过梳理关于高新技术企业薪酬差距与人力资本效率的相关文献，提出当前研究存在的空白：一是现有研究存在情景局限性，鲜少对长三角地区高新技术企业人力资本效率进行分析和评价；二是长三角地区高新技术企业薪酬差距对人力资本效率的影响及作用路径有待进一步明晰，忽视了人力资本结构在其中发挥的中介作用，实证检验更是匮乏；三是现有研究忽视了企业微观特征和外部环境异质性情境下，薪酬差距对人力资本效率的非对称影响，现有研究边界条件有待进一步拓展，这也导致现有政策建议较为宽泛，缺乏针对性。为填补现有研究空白，本书运用激励理论、人力资本理论、锦标赛理论、行为理论等制定了研究框架，聚焦长三角地区高新技术企业，并将薪酬差距、人力资本结构与人力资本效率纳入同一研究框架进行分析。除了对长三角地区高新技术企业人力资本效率进行测度，对薪酬差距与人力资本效率之间的关系也进行了分析。在此基础上，将人力资本结构作为薪酬差距与人力资本效率的中介变量，考察其发挥的中介效应。此外，笔者还将进行分组检验，评估企业规模、产权性质、两职分离程度、行业属性和地区属性所导致的异质性，并提出相应的研究假设。本研究的方法学方面将在第三章进行详细论述。

第3章　研究方法

3.1　引言

根据前文提出的研究假设和理论模型，在第三章中重点论述用于实证分析所用到的数据库、采用的研究方法。3.2节描述了CSMAR数据库的基本情况，3.3节和3.4节描述了该数据库所涵盖的样本量及样本特征，在此基础上，3.5节重点论述CSMAR数据库的代表性，3.6节论证研究设计，3.7节对样本进行描述，3.8节解释本研究所用的测量项目，包括薪酬差距、人力资本效率、人力资本结构以及其他变量，如企业规模、财务杠杆、资本密集度、股权集中度、薪酬委员会的设置、董事会规模、董事独立性等控制变量。随后，3.9节介绍本书使用的研究工具，3.10节描述数据收集程序，3.11节和3.12节分别讨论数据分析技术和数据分析程序。最后，3.13节为总结。

3.2　研究设计

本研究数据主要来源于国泰安数据库（CSMAR）。本书并未采用问卷调查法去收集相关数据，主要原因在于：

（1）在问卷调查的填答过程中，调查者不能对其进行指导，只能凭被调查者自己的理解填答，因而在问卷调查中误答、错答、漏答等情况时有发生，会降低问卷调查的有效率，影响问卷调查的质量。

（2）问卷调查具有书面化的特点，通常要耗费较多的时间完成所有的问题，且部分普通员工的文化水平有限，可能无法理解人力资本结构、人力资本效率等相关的专业问题，对企业的规模、财务杠杆等也不了解，为了节省填写问卷的时间，可能未经认真思考或分析而随意作答，进而导致调查结果与企业实际情况存在较大差距，那么问卷调查的资料也就失去了客观性。

（3）本书研究的核心内容之一是高新技术企业薪酬差距，在被访问者填写问卷时可能出现估计作答或回避的现象，这就会影响所收集到数据的完整性和准确性，从而因获取的信息质量问题导致研究结果出现偏差。

（4）相较于问卷调查法，从CSMAR数据库中直接获取数据更加高效且客观，能够有效避免问卷调查法存在的上述问题。本书着重考察高新技术企业薪酬差距、人力资本结构与人力资本效率之间的关系，CSMAR数据库已经对高新技术企业的所有样本进行了归类，关于高新技术企业的薪酬差距、人力资本结构、管理费用、员工人数、员工年龄、净资产收益率、企业规模、财务杠杆、资本密集度等变量指标，都可以直接在CSMAR数据库中获取。在此基础上采用DEA软件、Stata软件进行定量分析（DEA模型、基本回归、中介效应模型、分组回归等），进而得到的结果更加客观，能够有效避免研究的主观性和片面性。

（5）经过实证研究验证的结果可以推广至其他地区，具有更广泛的应用价值，且在前人的研究中也有采用二手数据来研究人力资源问题的，具体如下所示。

关于人力资源相关的实证研究，有很多学者采用二手数据来进行分析。比如杨林等（2009）从数量、质量、配置、教育等维度对人力资源进行综合评价，相关数据来源于中国统计年鉴、中国人口统计年鉴以及中国人口普查数据等，针对个别年份缺失的数据采用插值法进行处理。马和余（Ma and Yu，

2020）以深圳创业板上市公司作为研究样本，考察了研发人力资源与专利之间的关系，其中，人力资源相关数据为二手数据，来自上市公司披露的年度财务报告。庞廷云等（2020）基于二手数据考察了人力资源投资对企业研发效率的影响，研究对象为深沪A股上市公司，所有数据均来自CSMAR数据库和上市公司的年度财务报告。同时，为降低样本数据可能存在的异常值对研究结果的干扰，上述学者对数据进行了1%水平上的Winsorize处理。刘和赵（Liu and Zhao，2022）考察了人力资源管理活动对企业绩效的影响，相关数据均来自CSMAR数据库，通过从CSMAR数据库中选取样本数据，在此基础上构建关系模型进行仿真实验。上述两位学者指出CSMAR数据库是中国最大的经济金融研究数据库，相关数据具有准确性和全面性。程等（Cheng et al.，2022）以我国台湾地区为研究对象，以2007—2019年我国31个地区的面板数据为基础，采用DEA模型考察了人力资源配置问题，相应数据来自我国卫生统计年鉴。孙等（Sun et al.，2022）以人力资源冗余为切入点进行研究，以中小企业板上市公司为研究对象，所用数据均为二手数据，来源于CSMAR数据库。上述学者们指出CSMAR数据库整合了我国上市公司全面的数据资料。李等（Li et al.，2023）用在校大学生的数量来衡量区域人力资本，考察其对绿色转型的影响，研究指出劳动力受教育程度的提升，促进了人力资本质量和人才结构的改善。相关数据也是二手数据，来源于国家统计局、中国统计年鉴、CSMAR数据库等。本章节将上述文献进行梳理，得到表3.1。

表3.1　采用二手数据的相关文献

作者	研究主题	采用的数据来源
杨林等（2009）	人力资本效率评价	二手数据：中国统计年鉴、中国人口统计年鉴以及中国人口普查数据等；缺失的数据，用插值法处理
马和于（Ma and Yu，2020）	人力资源与专利	二手数据：上市公司披露的年度财务报告

作者	研究主题	采用的数据来源
庞廷云等（2020）	人力资源投资对企业研发效率的影响	二手数据：包括 CSMAR 数据库和上市公司的年度财务报告
刘和赵（Liu and Zhao，2022）	人力资源管理活动对企业绩效的影响	二手数据：CSMAR 数据库
程等（Cheng et al.，2022）	人力资源配置效率	二手数据：中国卫生统计年鉴
孙等（Sun et al.，2022）	人力资源冗余	二手数据：CSMAR 数据库
李等（Li et al.，2023）	人力资本与绿色转型	二手数据：国家统计局、中国统计年鉴、CSMAR 数据库

因此，本书通过 CSMAR 数据库来获取数据具有可行性，且具有文献支持。在此基础上，本书构建实证研究模型，采用 DEA 软件、Stata 软件对长三角地区高新技术企业薪酬差距、人力资本结构与人力资本效率之间的关系进行研究。本书选取的研究工具具有较强的可靠性和实用性。

3.3 数据库概述

由于本书聚焦长三角地区高新技术企业，相关数据主要从 CSMAR 数据库收集获得。

首先，在数据来源方面，CSMAR 数据库汇集了中国证券市场各个领域的数据，包括股票、债券、基金、衍生品、宏观经济等方面的数据。CSMA 数据库还包括历史股票价格、财务数据、公司公告、基金、债券、期货、期权等各类数据类型。其次，从数据范围上看，CSMAR 数据库覆盖了中国 A 股市场和港股市场，数据时间跨度自 20 世纪 80 年代到 2023 年，其拥有广泛且精准的数据信息。CSMAR 数据库每日定时更新，保证数据的及时性及有效性，并且提供了丰富的查询工具，如变量查询、板块查询、公司查询等。因此，CSMAR数据库被广泛应用于金融机构、研究机构、学术界和企业的市场调研、风险管理、投资决策、学术研究等方面。

尽管本书的主要数据都来自CSMAR数据库，但仍然有少量数据缺失的情况，故本书考虑从上市公司年报中进行补足。

3.4 样本大小

CSMAR数据库涵盖的样本量信息是非常丰富的，主要包括：①股票数据：包括A股市场和港股市场，涵盖了历史上所有上市公司的相关数据，包括价格、财务指标、分红派息、流通股比例等。②债券数据：包括政府债、地方政府债、公司债、可转债等各类债券，涵盖了历史上所有发行的债券，包括发行量、发行日期、发行利率等。③基金数据：包括开放式基金、封闭式基金等各类基金，涵盖了历史上所有基金的相关数据，包括份额、净值、收益率等。④衍生品数据：包括股指期货、商品期货、股票期权等各类衍生品，涵盖了历史上所有交易的相关数据，包括成交价、成交量、持仓量等。⑤宏观经济数据：包括GDP、通货膨胀率、人口数据等各类宏观经济数据，涵盖了历史上所有公布的相关数据。此外，还有一些专题研究数据，如"一带一路"数据、投资者关系数据、投资者情绪数据、分行业数据等等。CSMAR数据库所涵盖的样本量信息非常广泛，涵盖了中国资本市场各个方面的数据，为用户提供了充分而全面的数据资源。

由于本书以长三角地区为研究对象，选取深沪A股高新技术企业上市公司进行分析，故CSMAR数据库能够涵盖所有的长三角地区高新技术企业，换句话说，就是我们所需要的数据在这个数据库中都可以找到，即便有一些缺失值，也是非常少的，而且主要是由于企业自身没有公布。针对极少量的缺失值，我们也在前文中进行了论述，参考德米特里和苏迪普塔（Dmitri and Sudipta，2019）的做法采取线性插值法进行处理。线性插值法利用函数在某区间中已知的若干点函数值，作出适当的特定函数，在此基础上用这个特定函数来估算该区间内其他点的函数值。其基本原理在于两点确定一条直线，通过已知的两个数据点就可以确定这条直线的斜率，然后利用这个斜率和目标点的横坐标来计算出目标点的纵坐标。线性插值法的计算简单，易于实现，且具有很强的直观性和广泛的适用性，常用于进行数据补全。也就是说某些数据缺失或无法直接测量时，可以利用线性插值法来估计这些缺失点的值，从而达到补全数据集的目的。

3.5 样本特征

在 CSMAR 数据库中，样本特征主要包括以下几个方面：①公司特征：CSMAR 数据库中包含了上市公司的大量特征信息，例如公司名称、股票代码、注册地址、所属行业、上市交易所等。这些公司特征可以用于筛选和分类样本。②财务特征：CSMAR 数据库提供了公司的财务报表数据，包括资产负债表、利润表、现金流量表等。这些财务特征可以用于分析公司的财务状况和盈利能力。③市场特征：CSMAR 数据库中包含了股票市场的相关数据，如股价、成交量、市值等。这些市场特征可以用于分析股票的交易活跃度和市值大小。④投资者特征：CSMAR 数据库中包含了投资者的相关特征信息，如机构投资者持股比例、股东人数、股东结构等。这些投资者特征可以用于分析投资者的权利分布和市场参与程度。⑤行业特征：CSMAR 数据库提供了行业分类数据，可以将样本按照所属行业进行分类。这些行业特征可以用于分析不同行业的市场表现和风险。通过对这些样本特征的分析和挖掘，研究者可以深入了解和研究中国证券市场的特点和规律。

3.6 数据库的代表性

CSMAR 数据库提供了丰富的我国证券市场数据，包括 A 股和港股市场的股票、债券、基金等数据。研究者可以通过 CSMAR 数据库深入分析我国股票市场的行情与财务数据等特征，研究公司财务状况、盈利能力和风险因素等。同时，CSMAR 数据库具有较高的数据质量和数据更新频率，可为研究者提供准确及时的数据支持。

总体而言，CSMAR 数据库具有代表性，为我国金融市场和全球金融市场的数据提供发挥重要的作用。根据研究领域和需求，选择适合的数据库可以为研究者提供准确可靠的数据，从而为学术研究和投资决策提供支持。

3.7 研究设计

根据现有学者的研究，研究设计是研究的总体计划和策略，能够用于解答研究的问题和目标（Saunders et al.，2009）。由于本书重点关注长三角地区高新技术企业薪酬差距、人力资本结构、人力资本效率之间的内在关系，研究更感兴趣的是被测试的变量之间是否存在显著的相关关系，以及人力资本结构是否发挥显著的中介作用。为得到更为客观的研究结果，最终选取实证分析方法进行研究。

首先，对所有的变量进行描述性统计分析，通过定量描述帮助读者快速了解长三角地区高新技术企业的薪酬差距有多大、人力资本效率水平有多高、企业规模是否存在较大差异、高新技术企业是国有企业居多还是非国有企业居多，等等。

其次，为了揭示高新技术企业薪酬差距、人力资本结构与人力资本效率之间的关系及内在作用机理，将三者纳入同一研究框架，形成相应的理论分析模型，并提出相应的4个假设（其中第三个假设是关于企业自身特征作为薪酬差距与人力资本效率的异质性变量，包括企业规模、产权性质、两职分离和行业属性四个维度），在此基础上构建基本回归模型和中介效应模型。通过实证研究得到各个变量之间的相关系数和显著性水平。

最后，在明确高新技术企业薪酬差距、人力资本结构与人力资本效率之间关系的基础上，进一步从企业微观异质性视角考察企业规模、产权性质、两职分离程度、所属行业对薪酬差距与人力资本效率的影响，同时从区域宏观视角考察地区属性对薪酬差距与人力资本效率的影响。因此，在这一部分将采用分组回归方法进行进一步验证，得到更为细致、深入的研究结论，这为长三角地区高新技术企业采取针对性措施来提高人力资本效率奠定了基础，也为其他地区高新技术企业的发展提供了理论指导和经验数据。

尽管现有学者普遍采用问卷调查法对人力资本效率的相关问题进行研究，但本书的主要目标是考察高新技术企业薪酬差距对人力资本效率的影响，以及人力资本结构发挥的中介效应。为得到更为客观、可靠的研究结果，本书最终选用定量研究方法，构建基本回归模型和中介效应模型。这与日卡乌斯卡斯等（Žukauskas et al.，2018）的观点相同，即定量研究可以尽量减少主观性或偏见，得到的研究结果更加可靠。上述观点显示了使用定量技术作为本研究设计的有力理由。

3.8　样本分析

3.8.1　高新技术企业

本书选取2013—2021年我国长三角地区高新技术企业作为研究样本，主要原因在于以下两方面。

一是长三角地区作为中国创新活跃度最高、科技资源最密集的区域之一，是吸收和集聚员工的主阵地，具有较高的人口密度、经济密度和产业密集度，为中国经济增长和发展做出了重大的贡献，具有重要的战略地位。2022年长三角地区生产总值达29.03万亿元，所有设区市的经济体量均达到了千亿以上，高新技术企业数量也快速增长，具体如图3.1所示。

图3.1　2013—2021年长三角地区高新技术企业数量及同比增速

数据来源：《长三角产业创新发展报告：分布与协同》

由此可见，近年来长三角地区高新技术企业数量呈逐年上升的变化趋势，从2013年的0.36万家增长至2021年的9.26万家，增长幅度超过24倍，有9个城市的高新技术企业数量已经超过1000家，远高于京津冀地区和珠三角地区。因此，长三角地区逐渐成为高素质、高技术员工集聚的主阵地。

二是在我国现代化建设和全方位开放格局中，长三角地区具有举足轻重的战略地位。中共中央、国务院2019年12月印发的《长三角区域一体化发展规划纲要》明确，长三角是我国经济发展最活跃、开放程度最高、创新能力最强的区域，其战略定位是全国发展强劲活跃增长极、全国高质量发展样板区、率先基本实现现代化引领区、新时代改革开放新高地。长三角地区高新技术企业人力资本效率提升对增强其创新能力和竞争能力，提高经济集聚度、区域连接性和政策协同效率具有重要作用，故对该地区高新技术企业的人力资本效率进行研究具有典型代表性，对其他地区高新技术企业人力资本效率提升也具有一定的借鉴意义。

3.8.2 样本规模

《长三角区域协同创新指数2022》的数据显示，长三角地区的高新技术企业数量不断增长，截至2022年已有11.6万家（包含所有的高新技术企业上市公司和非上市公司），在全国高新技术企业中的占比约为27%。然而，众多高新技术企业中，上市公司数量并不多，其中，浙江省拥有的高新技术企业上市公司有378家，江苏省拥有的高新技术企业上市公司有351家，上海市拥有的高新技术企业上市公司有168家，安徽省拥有的高新技术企业上市公司有129家。长三角地区的高新技术企业上市公司数量总共有1026家，在众多高新技术企业中的占比不足1%。也就是说长三角地区高新技术企业上市公司有1026家，但非上市公司约有11.5万家。考虑到数据的可得性，本书选取的高新技术企业样本均为深沪A股上市公司。其中，A股上市公司是指发行人民币普通股，且在中国证券市场上市交易的股份有限公司，而深沪A股上市公司则是在深圳证券交易所和上海证券交易所上市的A股上市公司。

在此基础上，本书按照下述标准对样本数据进行筛选：①剔除ST企业。也就是剔除在中国证监会发布的上市公司目录中经审核具有较高风险的特殊标志企业，如连续三年亏损的企业、存在违规行为的企业等，因为该类企业通常存在经营异常，可能会影响研究结果的准确性。②按照2012年证监会行业分类标准，剔除金融行业的公司，这是因为金融行业的财务状况具有一定的特殊性。③剔除核心数据缺失、高管薪酬差距为负的样本。在获取关于高新技术企业薪酬差距、人力资本结构与人力资本效率相关的原始数据后，将其导入至Excel中便于对数据进行筛选，也就是按照上述步骤用Vlookup函数、高级筛选工具等进行整理，将样本研究期间内被ST的样本、属于金融行业的样本、核心数据缺失以及高管薪酬差距为负的样本进行剔除，最终得到的高新技术企业样本量为242家。

尽管用三年或者五年的数据也能进行实证检验，但样本的研究期间太短了，这可能无法得到准确的研究结论，主要原因如下：高新技术企业人力资本效率的变化并非一朝一夕可以观测到的，尤其是人力资本结构的调整和优化可能在短期内并不会发生明显的改变，薪酬差距通过人力资本结构来影响人力资本效率这一作用机制的研究，需要更长时间跨度的检验，以使研究结果更加具有稳健性。因此，在时间范围方面，考虑数据的可得性和我国高新技术企业的实际情况，选取较长的样本研究期间进行实证研究，以期提供关于高新技术企业薪酬差距、人力资本结构与人力资本效率相关的更多信息和更全面的变化，得到更为准确、全面的研究结果。

本书最终选取的样本研究期间为2013—2021年。由于2008年中国政府部门开始印发高新技术企业认定管理办法，但2012年证监会对行业分类标准有所调整，可能对本书的研究结果产生干扰，也就是说在2012年之前，企业属于某一细分行业，但行业分类标准的调整导致其在2012年之后属于另一细分行业，甚至产生重大的行业变更，这将会影响高新技术企业经营的连续性和数据的可比性，将其纳入研究范围就会导致最终得到的样本数据存在较大偏差，进而会影响实证研究结果的准确性。同时，本书考虑了所属行业的异质性，若高新技术企业在2012年前后发生重大的行业变更，那么也会影响到后面异质性检验的结果。因此，必须考虑2012年证监会行业分类标准调整所导致的样本数据变化，为了避免这一变化所带来的不利影响，选取2013年作为样本数据的起始年份。关于高新技术企业相关的核心指标数据仅更新至2021年，考虑到数据的可得性，选取2021年作为样本期间的结束年份。

3.9　测量项目

3.9.1　薪酬差距的测度

由于本书聚焦中国长三角地区的高新技术企业，书中提及的高管是公司的高级管理型员工。在我国的法律制度和相关法规中，往往用董事长、总经理来表示高管，鲜少提及 CEO，很多高新技术企业的战略决策和经营决策也是由董事长和总经理制定的，但也有部分高新技术企业的董事长、总经理并不承担资源管理责任，也不参与生产经营决策和战略目标的制定工作，而是由下级管理型员工负责，如副董事长、副总经理等。根据我国《企业会计准则》的相关规定，管理型员工是企业的董事长、董事、总经理、总会计师、财务总监、副总经理，《中华人民共和国公司法》也明确界定了高管的范围，包括经理、副经理、财务负责人、董事会秘书及公司章程规定的其他员工；人力资源和社会保障部等部门制定的薪酬管理文件，也明确提出高管不包括企业的中层管理型员工。因此，在现有研究和法律法规的基础上，结合证监会修订的《年报准则》，本书认为高新技术企业的高管包括董事、监事及其他高级管理型员工。

关于薪酬差距的衡量指标，大致可以分为绝对薪酬差距和相对薪酬差距（Faleye et al., 2013；Banker et al., 2016）。其中，方等（Fang et al., 2022）指出绝对薪酬差距就是高管薪酬与普通员工薪酬之间的差异的自然对数，相对薪酬差距就是高管的平均薪酬与普通员工的平均薪酬之比。其中，薪酬一般包括货币补偿和股权激励，但由于中国的股权激励计划实施较晚，只有少数公司使用股票期权和限制性股票作为激励性薪酬（Kong et al., 2021），多数员工在货币薪酬总额中占很大比例，零持有的现象较为普遍。同时，限于数据的可得性，很难判断员工持有的股票是来自公司奖励还是自行购买，故很多学者以货币薪酬进行测度。本书参考法莱耶等（Faleye et al., 2013）、步丹璐和王晓艳

（2013）、班克尔等（Banker et al.，2016）的研究，选取相对薪酬差距进行衡量，也就是高管的平均薪酬与普通员工的平均薪酬之比。

鉴于数据的可得性，高管平均薪酬为"董事、监事及高管年薪总额÷管理层规模"，前者是企业年报中披露的货币性薪资，对于企业发放的其他隐性福利或薪酬，由于相关数据难以获取，且披露较少，不具有代表性，故并未纳入计算模型，后者是"董事人数 + 高管人数 + 监事人数 － 独立董事人数 － 未领取薪酬的董监高人数"，员工为不包括董监高的其他普通员工，员工平均薪酬为"（支付给职工以及为职工支付的现金 － 董监高年薪总额)÷员工人数"。薪酬差距的指标值越大，表明高新技术企业高管与普通员工之间的薪酬差距越大。

3.9.2　人力资本效率的测度

根据前文的分析，现有学者主要采用单指标法对人力资本效率进行测度，即增值与人力资本（由企业员工总支出计算得出）之间的比值，也有部分学者基于投入产出的视角对人力资本效率进行分析，在投入指标的选取方面，包括员工工资支出、管理费用、员工数量、年龄构成、受教育程度、劳动生产率等，在产出指标的选取方面，主要包括经营现金流量、营业收入、经济增加值、销售情况等。

为全面反映长三角地区高新技术企业人力资本效率的发展变化情况，并考虑数据的可得性，本书参考李等（Li et al.，2012）、诺拉尼等（Nourani et al.，2018）、刘婉琪和任毅（2018）、曹院平（2019）、奥洛胡纳拉等（Olohunlana et al.，2023）、哈斯纳乌伊（Hasnaoui，2023）的研究，采用DEA模型对长三角地区高新技术企业人力资本效率进行综合评价。在指标选取方面遵循以下原则：

一是系统性原则，在建立指标评价体系时，必须选择综合性的指标，且这些指标必须有一定的逻辑关系，既要相互独立，又要有内在的联系。比如，在进行纵向对比时，为反映不同层次之间的关系，所选取的指标必须具有明显的界限性，避免有指标相互关联。

二是可比性原则，在对长三角地区高新技术企业人力资本效率进行评价时，应从有权威性的、规范的数据中选择指标，确保其真实性和可靠性，使之具有可比性。

三是可量化原则，在选择评价指标时，要考虑指标的可量化性和可获取性，避免数据缺失影响研究进展。

在遵循上述原则的基础上，构建以下评价指标体系，如表3.2所示。

表3.2　长三角地区高新技术企业人力资本效率评价指标体系

分类	指标	指标说明
投入指标	职工薪酬	应付职工薪酬总额
	管理费用	管理费用总额
	员工人数	员工数量
	平均年龄	员工的平均年龄
产出指标	净资产收益率	税后利润除以净资产得到的百分比率

其中，职工薪酬是高新技术企业支付给员工的各类报酬，包括工资、奖金、补贴、社会保险费、工会经费、职工教育经费等，由于上市公司并未披露各个科目的具体明细，故本书采用应付职工薪酬进行衡量。在考察高新技术企业人力资本效率时，将人力资本的产出指标量化存在一定的技术难度。产出指标应该能够反映投入指标的利用效果。在VAIC模型[1]中，人力资本投入带来的产出可以通过企业绩效的好坏来进行判断，故本书选取净资产收益率来进行衡量，原因在于该指标能够反映高新技术企业股东的权益水平，其值越高，投资回报也就越高，同时也反映了高新技术企业自有资本获得收益的能力。相较于

---

[1] Value Added Intellectual Capital，由 Ante Public 开发的主要研究智力资本和财务资本增值潜力的方法。

营业收入、净利润等指标，净资产收益率的综合性更强，故将其作为人力资本的产出指标。

3.9.3 人力资本结构的测度

通过梳理现有文献发现，学者们普遍认为员工通过接受教育所获得的知识、技能是人力资本结构的重要内容（Li and Liu，2018；Yang et al.，2022；Shen et al.，2023），可用受教育程度相关指标进行衡量（Yang and Kong，2019）。由于本书重点关注人力资本结构发挥的中介作用，也就是高新技术企业薪酬差距是否会促进人力资本结构的优化调整，进而更好地发挥人力资本效用，实现人力资本效率提升，故本书参考现有研究，最终选取硕士或更高学位员工数量占比进行衡量，即上述员工人数与员工总数之间的比值。

在具体测度时，现有CSMAR数据库并未统计高新技术企业拥有硕士学位或更高学位的员工总数，故在相关数据获取时采用手工收集的方法，先对员工的学历程度进行统计，然后再汇总计算得到硕士及博士学位的员工人数。

3.9.4 其他变量的测度

由于高新技术企业人力资本效率受诸多因素综合作用的影响，为提高研究结果的准确性和稳健性，基于文献研究和以往的研究经验（Firth et al.，2015；Banker et al.，2016；杨薇和孔东民，2019；冯改英，2023），同时考虑数据的可得性，本书选取以下控制变量：企业规模、财务杠杆、资本密集度、股权集中度、薪酬委员会的设置、董事会规模、董事独立性等开展研究。

其中，企业规模用高新技术企业总资产的自然对数来表示；财务杠杆为高新技术企业的资产负债率，也就是负债总额与资产总额的比率；资本密集度用固定资产与总资产之间的比值进行衡量；股权集中度反映了高新技术企业的股权分布情况，可用第一大股东的持股比例进行衡量；薪酬委员会的设置在一定程度上反映了公司治理水平，以本年度高新技术企业薪酬委员会的召开次数进行衡量；董事会规模用董事会人数进行衡量；董事独立性用独立董事人数与董事会总人数的比值进行衡量。

综上所述，本书主要变量及相关说明如表3.3所示。

表3.3　主要变量及说明

变量	指标	代码	说明
解释变量	薪酬差距	Gap	高管平均薪酬/员工平均薪酬
被解释变量	人力资本效率	HC	根据前文构建的人力资本效率评价体系，采用DEA方法计算的综合值
中介变量	人力资本结构	Stru	硕士或更高学位员工数量/员工总数
控制变量	企业规模	Size	资产总额的自然对数
	财务杠杆	Debt	负债总额/资产总额
	资本密集度	Capital	固定资产/总资产
	股权集中度	Equity	第一大股东的持股比例
	薪酬委员会的设置	Comm	薪酬委员会召开次数
	董事会规模	Board	董事会人数
	董事独立性	Indep	独立董事人数/董事会总人数

3.10　数据收集程序

数据收集程序如下。

第一，确定样本研究期间。本研究主要通过CSMAR数据库收集数据，个别指标通过对上市公司年报进行手工收集整理得到。根据本研究需要和数据的可得性，数据收集的时间为2013—2021年。

第二，确定高新技术企业样本。根据政府部门的政策文件，结合前文对高新技术企业的概念界定，选取长三角地区深沪股高新技术企业上市公司作为研究样本。

第三，查找核心变量和控制变量的相关数据。其中，核心变量包括薪酬差距、人力资本结构和人力资本效率，上述指标不可直接获取，需要进行计算。

在薪酬差距方面，相关数据已经在CAMAR数据库中进行了披露，我们要做的就是从CAMAR数据库中选取董事、监事及高管的年薪；董事、监事及高管的人数；独立董事人数、未领取薪酬的董监高人数、其他普通员工人数等，通过简单的汇总计算得到高新技术企业的薪酬差距。

在人力资本结构方面，主要是通过手动搜集整理高新技术企业员工的学历，并计算各个企业拥有的硕士及以上学位员工人数，最终得到高学历员工的占比。

在人力资本效率方面，虽然现有的数据库并未直接披露，但是可以从CAMAR数据库中获得人力资本效率的投入指标和产出指标相关数据，也就是直接下载职工薪酬、管理费用、员工人数、平均年龄、净资产收益率等指标数据，并对这些数据进行无量纲化处理，然后采用DEA软件将处理后的数据导入，由软件自行计算最终得到人力资本效率的综合值。针对部分数据缺失的情况，从上市公司年报中进行补足。

在控制变量方面，本书的控制变量包括企业规模、财务杠杆、资本密集度、股权集中度、薪酬委员会的设置、董事会规模、董事独立性等，所有的控制变量相关数据均来源于CSMAR数据库，也就是可以直接下载获得，并不需要实地调查。以企业规模为例，在CSMAR数据库中的操作步骤如下：首先，进入CSMAR数据库，选择本研究所需要的样本及研究期间，也就是选取的样本为长三角地区有高新技术企业、选取的数据时间为2013—2021年。其次，在数据列表中选择"资产总额"这一数据，然后以Excel的形式导出。最后，根据前文关于企业规模的衡量指标，也就是企业资产总额的自然对数，在Excel中对资产总额取对数，最终得到本研究所需的数据。其他变量的获取方式也是如此。

具体的数据收集程序如表3.4所示。

表3.4 数据收集程序

	程序
第一步 （第一、二周）	1.注册CSMAR数据库→登录CSMAR数据库→进入数据中心→选择公司研究系列→选择"财务报表"板块，这里将显示企业的资产负债表、利润表、现金流量表和所有者权益变动表。 2.根据本书研究所需要的指标，选择相应的报表→选择时间，也就是选择2013—2021年这一样本研究期间→选择代码，也就是前文经过一系列筛选得到的高新技术企业的样本（根据前文的论述，剔除ST企业、剔除金融行业的公司、剔除核心数据缺失、高管薪酬差距为负的样本，最终得到242家高新技术企业）。 3.选中本书研究所需指标后，将形成相应的数据文件，CSMAR数据库下方将显示文件的类型及是否需下载保存，将其保存为Excel格式，下载该数据文件，这里得到的数据是高新技术企业的财务指标。在此基础上，对数据进行整理，得到企业的职工薪酬、管理费用、企业规模、资本密集度等指标数据
第二步 （第三、四周）	1.进入CSMAR数据库→进入数据中心→选择公司研究系列→选择"治理结构"板块，这里将显示企业的基本数据（包括企业基本情况、治理综合信息等，如注册日期、所属行业、董事长与总经理两职兼任情况、委员会设立情况、员工人数等）、高管动态（包括高管个人资料、高管兼任信息、高管人数、持股及薪酬情况等）、会议情况（包括股东大会及委员会召开情况等）。 2.根据本书研究所需要的指标，选择相应的板块→选择时间，也就是选择2013—2021年这一样本研究期间→选择代码，也就是前文经过一系列筛选得到的高新技术企业的样本。 3.选中指标后，将形成相应的数据文件，采用和前文相同的方式，将其保存为Excel格式，下载该数据文件，这里得到的数据是高新技术企业的非财务指标。在此基础上，对数据进行整理，得到员工总人数、董事、监事及高管的年薪、董事、监事及高管的人数、独立董事人数、未领取薪酬的董监高人数、其他普通员工人数、薪酬委员会的设置、股权集中度等指标数据
第三步 （第五周）	1.进入CSMAR数据库→进入数据中心→选择公司研究系列→选择"财务指标分析"板块，这里将显示企业的偿债能力、盈利能力、经营能力、发展能力等指标。 2.根据本书研究所需要的指标，选择相应的板块→选择时间，也就是选择2013—2021年这一样本研究期间→选择代码，也就是前文经过一系列筛选得到的高新技术企业的样本。 3.选中指标后，将形成相应的数据文件，采用和前文相同的方式，将其保存为Excel格式，下载该数据文件，得到企业财务杠杆、净资产收益率等指标数据

续表

	程序
第四步 （第六周）	1.上述数据收集过程中，关于员工的个人资料是文本、而非数据，还需要从Excel文件中进行手动整理，查看员工的学历构成，如研究生、本科、大专、高中等，然后利用Excel的筛选工具，计算各个企业拥有的硕士以及以上学位员工人数，然后用这个值除以企业的员工总数，就可以得到高学历员工的占比。 2.查漏补缺。主要查看是否存在缺失值，针对少量缺失的数据从上市公司年报中进行补足。 3.整理成面板数据。也就是在时间序列上取多个截面，在这些截面上同时选取样本观测值所构成的样本数据，也就是由242家高新技术企业、2013—2021年多个指标汇总得到的最终数据

3.11　数据分析技术

为了分析数据，本书采用DEA和Stata两种软件进行统计数据分析和回归分析。其中，DEA软件用于对高新技术企业的人力资本效率进行综合测度，Stata软件用于变量的描述性统计、相关性分析和回归分析。Stata是集数据分析、数据管理以及绘制专业图表为一体的专业化、整合性统计软件，现已被广泛应用于社会科学、经济学等诸多领域中，也是学术研究的重要辅助工具。值得关注的是，Stata软件针对大批量数据的统计分析能力非常强，这主要得益于其强大的数据管理功能，能够对数据进行导入、清洗、整理、合并等。该软件提供了多种统计分析方法和模型，不仅能对数据进行简单的描述性统计、时间序列分析，而且还能采用多种方法或模型对数据进行回归分析，并绘制统计图表。本书对数据的描述性统计分析、对高新技术企业薪酬差距与人力资本效率的回归分析、对人力资本结构所发挥中介效应的分析、异质性检验分析都是采用Stata软件进行的。

在描述性统计部分，主要是变量的均值、标准差、最大值、最小值和中位数，以此反映样本数据的基本情况。在回归分析部分，主要是对固定效应模型和中介效应模型进行检验，分别用于检验高新技术企业薪酬差距对人力资本效率的影响、人力资本结构在上述关系中发挥的中介作用。最后，为进一步检验在企业微观和区域宏观异质性环境下，高新技术企业薪酬差距对人力资本效率的非对称性影响，采用分组回归的方法进行异质性检验。具体的数据分析技术步骤如图3.2所示。

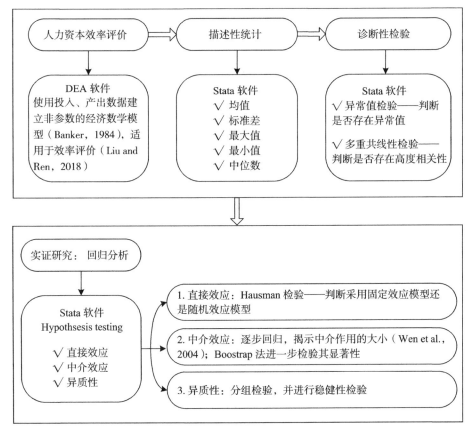

图3.2　数据分析技术的步骤

3.11.1　DEA模型

本书基于投入产出的视角对长三角地区高新技术企业人力资本效率进行综

合评价，在具体的评价方法上，采用班克尔（Banker）、查恩斯（Charnes）、库珀（Cooper）和罗兹（Rhodes）等学者提出的 DEA 模型。DEA 模型包括 BCC、CCR、CCW 等，对投入和产出变量的权重设定由数学规划根据数据计算得出，能有效避免主观因素的影响、减少误差，且能对多投入、多产出的同类决策单元的相对有效性进行评价，是一种较为成熟、有效的分析工具。

此外，DEA 模型要求样本数量必须达到投入、产出变量数之和的两倍以上，故本书选取的长三角地区高新技术企业样本数量符合经验法则的要求。同时，DEA 模型要求投入和产出变量均为正值，需对人力资本投入和产出指标进行无量纲化处理，具体方法如下式：

$$y_{ij} = 0.1 + \frac{x_{ij} - m_j}{M_j - m_j} \times 0.9 \qquad (3.1)$$

其中，$m_j = \min(x_{ij})$，为最小值；$M_j = \max(x_{ij})$ 为最大值。在此基础上，采用 DEA 软件对人力资本效率水平进行求解。采用 DEA 模型对人力资本效率进行评估，是实现本书第一个研究目标的基本前提，只有对核心变量进行科学测度，才能进行后续研究和探讨。

关于为什么采用 DEA 方法对长三角地区高新技术企业的人力资本效率进行综合评价，主要原因在于：一是在人力资本研究领域，采用问卷调查方式所获得的数据具有很强的主观性，加上问卷中的部分问题具有一定的专业性，导致被调查者往往依赖于自身的经验进行判断，尤其是学历水平较低的被调查者可能存在错答、随意乱答等现象，这就导致数据的真实性和有效性大打折扣。相较于问卷调查法，DEA 方法得到的评价结果是通过模型计算得出的，具有较强的客观性，不受人为主观因素的影响，有效避免了上述不足。二是 DEA 方法作为重要的数据分析方法，能够处理多投入与多产出问题，而人力资本效率就涉及多方面的投入与产出，如职工薪酬、管理费用、员工人数、平均年龄、净资产收益率等，且不同变量的计量单位是不同的，采用 DEA 方法不会因为计量单位的不同而影响最终的效率评估结果，这就保证了人力资本效率评估结果的客观性和可比性，采用该方法对其进行评价是可行的。三是DEA方法以综合指标来进行人力资本效率评价，而不是仅仅关注单一维度的指标，也就是说该方法得到的结果能够全面反映人力资本的使用效率，并能够对不同企业的人力资本效率进行对比分析，进而找出差距和原因，该方法在人力资本效率评价中得到了广泛的应用，具有较强的适用性。

3.11.2　诊断性检验

在回归分析之前，应对样本数据进行异常值和多重共线性检验，所采用的软件为Stata软件。首先，关于异常值检验，主要是用于检验一个数据集是否存在异常值或极端值。如果样本数据存在异常值或极端值，它就会对研究结果的准确性产生干扰，回归曲线也会偏向极端值，进而造成模型的有偏估计。因此，对数据进行统计分析之前，第一步就需要对数据进行异常值检验，再选择缩尾处理方法进行分析。其次，多重共线性检验的目的在于判断解释变量之间是否存在高度的相关性，如果变量之间的相关性较高，那么直接对数据进行回归分析就会导致结果失真，也就是影响研究结果的可信度。对检验结果进行分析时，如果方差膨胀因子（VIF）越高，那么就表明变量之间的相关性越高，一般VIF值小于10则认为通过多重共线性检验，具体的测量结果将在第4章进行详细的分析。

3.11.3　基本回归模型

本书采用回归方法对长三角地区高新技术企业薪酬差距与人力资本效率之间的关系进行检验，所采用的软件为Stata软件。

本书选取的基本回归模型及构建方程的灵感来源于斯卡法托和季米特罗普洛斯（Scafarto and Dimitropoulos，2018）对人力资本与财务绩效的研究。固定效应模型和随机效应模型是基本回归中经常采用的模型，都是针对面板数据的回归分析方法。前者假设每个个体或每个时间段都有一个单独的截距项，也就是说它们对因变量的影响是确定的，不随时间或其他因素改变。该模型的优点是能够有效控制个体效应或时间效应的影响，得到更真实的因果关系，但由于需要估计每个个体或每个时间段的截距项，可能会导致效率损失。后者假设所有个体或所有时间段都共享一个公共的截距项，但个体效应或时间效应是随机的，即它们对因变量的影响是随机的。该模型的优点在于估计效率较高，因为不需要估计每个个体或每个时间段的截距项，但可能无法有效控制个体效应或时间效应的影响，进而影响结果的客观性。在回归分析中，究竟是选择固定效应模型还是随机效应模型，需要根据具体的研究问题和数据特点来决定，这就要求在回归分析之前进行 Hausman 检验。若其统计量在 1% 的水平上显著，表明应当选择固定效应模型进行回归，否则将选取随机效应模型，这将在第 4 章的实证研究中给出结果并进行详细的论述。因此，本书构建以下基本回归模型，如式（3.2）所示。

$$HC_{it} = \alpha + \alpha_1 Gap_{it} + \alpha_i Controls_{it} + \varepsilon_{it} \tag{3.2}$$

其中，Gap 为高新技术薪酬差距；HC 为人力资本效率；Controls 为控制变量，根据前文的分析包括企业规模、财务杠杆、资本密集度、股权集中度、薪酬委员会的设置、董事会规模、董事独立性等。α 为常数项，α_i 为待估参数，ε 为随机干扰项。若高新技术企业薪酬差距与人力资本效率的回归系数 α_1 为正，且通过显著性水平检验，则表明薪酬差距对人力资本效率具有显著的促进作用，若回归系数 α_1 为负，且通过显著性水平检验，则意味着薪酬差距对人力资本效率具有显著的抑制作用。因此，该模型旨在实现第一个研究目标，也就是检验高新技术企业薪酬差距对人力资本效率的影响。

3.11.4　中介效应模型

为进一步揭示人力资本结构在高新技术企业薪酬差距与人力资本效率之间

发挥的中介作用，探究三者的内在作用机理，本书选择中介效应模型进行进一步检验，所采用的软件为Stata软件。

中介效应是指解释变量薪酬差距、中介变量人力资本结构、被解释变量人力资本效率三个变量的相互作用。其中，薪酬差距对人力资本效率的影响机理有多种可能，比如薪酬差距直接作用于人力资本效率、薪酬差距通过人力资本结构作用于人力资本效率。因此，该模型旨在实现第二个研究目标，也就是检验人力资本结构在高新技术企业薪酬差距与人力资本效率之间的作用。中介效应模型的具体结构如图3.4所示。薪酬差距影响人力资本效率有两条路径，一是薪酬差距先影响人力资本结构，人力资本结构再影响人力资本效率，那么，影响系数a、b和c必然同时显著，则说明在薪酬差距影响人力资本效率的过程中，人力资本结构发挥了中介作用，其中介效应等于ab/c；二是薪酬差距可能直接影响人力资本效率，中介变量可能发挥部分作用，若c'显著，则可证明为部分中介效应，若c'不显著，则证明具有完全中介效应。

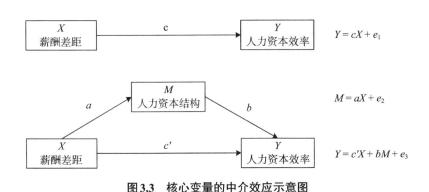

图3.3　核心变量的中介效应示意图

根据前文的理论分析和提出的假设，以高新技术企业薪酬差距为解释变量，人力资本效率为被解释变量，人力资本结构为中介变量，参考温忠麟等（2004）、张和吕（Zhang and Lv，2015）的做法，构建以下模型。

$$\mathrm{Stru}_{it} = \beta + \beta_1 \mathrm{Gap}_{it} + \beta_i \mathrm{Controls}_{it} + \varepsilon_{it} \tag{3.3}$$

$$HC_{it} = \gamma + \gamma_1 Gap_{it} + \gamma_2 Stru_{it} + \gamma_i Controls_{it} + \varepsilon_{it} \tag{3.4}$$

其中，Stru 为人力资本结构，其他变量的定义与前文相同。

首先，根据前面构建的基本回归模型（3.2）用于检验高新技术企业薪酬差距与人力资本效率之间的关系，模型（3.3）用于检验薪酬差距对人力资本结构的影响，对应性模型（3.4）用于检验人力资本结构在薪酬差距与人力资本效率之间的中介作用。模型（3.3）和模型（3.4）对应前文提出的第二个研究目标。α、β、γ 为常数项，α_i、β_i、γ_i 为系数项，ε_{it} 为随机干扰项，α_1 为薪酬差距对人力资本效率影响的总效应，γ_1 为直接效应，$\beta_1\gamma_2$ 为中介效应。

3.11.5 其他数据分析技术

稳健性检验是指通过改变某个特定的参数或条件，重新进行实证研究，并观察核心变量的系数符号、显著性水平等是否发生变化，若无明显改变，则说明前文得到的结果是稳健的、可靠的。因此，为了进一步评估回归结果的可靠性和稳定性，在采用Stata软件进行基本回归之后，本书将进一步选取移动平均处理、改变时间序列、改变计量模型等方法进行稳健性检验，进而判断在不同的条件下，基本回归得到的研究结论是否仍然保持不变。为了进一步提高中介效应模型相关回归结果的可靠性和稳定性，也采用上述方法进行稳健性检验，进而判断在不同的条件下，中介效应模型相关回归结果是否仍然保持不变。通过稳健性检验能够尽可能排除模型是不正确的可能性。稳健性检验是非常重要的统计分析方法，因为它能够确保研究结果的有效性。

其中，移动平均处理是一种常用的稳健性检验方法。由于不同年份企业面临的内外部环境可能存在较大差异，这就导致相关数据呈现一定的波动性，而移动平均处理方法通过计算一定时期内的数据平均值来平滑数据，从而消除由于周期变动和随机波动对研究结果的干扰。时间序列是指按照时间顺序排列的一系列观测值，而改变时间序列法则是在保持时间序列基本特性的基础上，采用一定的方式调整或修改时间序列数据，如选择不同的时间段、调整数据频率等，通过采用该方法进行重新检验，来判断基本回归的研究结论是否受到时间序列变化的影响。若无显著影响，则表明研究结论是稳健的、可靠的。改变计量模型也就是采用不同的回归模型重新进行检验。由于每个计量模型都有其特定的假设和前提条件，需通过改变计量模型重新检验这些假设是否成立，若仍然成立，则能够增强结论的可靠性，进而提高本研究的科学性和严谨性。

3.12　数据分析程序

一旦数据收集完成，将对数据进行编码处理，并进行数据筛选的过程。首先，需要对数据的缺失值进行处理，然后考虑异常值或极端值对研究结果的干扰。随后，将这些数据进行编码，并进行描述性统计、相关性分析、固定效应和中介效应分析、假设检验。下面将详细讨论数据分析的过程。

3.12.1　数据测量和编码

在对数据进行分析之前，这些数据被分配了一个代码。鉴于Stata软件只能识别数字输入，无法识别文本，所有的数据需要新的代码，以便Stata软件能够进行处理和分析。例如，Gap是"薪酬差距"变量的代码，Stru是"人力资本结构"变量的代码，Size是"企业规模"变量的代码。

3.12.2　数据筛选与清洗

关于高新技术人力资本效率的测度，本研究采用DEA模型进行计算，该模型要求投入和产出变量均为正值，因此相关数据已经按照式（3.1）进行了处理。在回归分析之前，还需要检查数据的缺失值、异常值，以避免其对研究结果的干扰，具体的操作步骤描述如下。

1.错误数据

在数据筛选和清洗时，找出数据输入中存在的错误是至关重要的，这也是利用Stata软件进行回归分析的必要前提。为了确保数据输入的准确性，本研究使用对所有的数据进行描述性统计分析，生成每个变量的平均值、最大值、最小值和标准差。

2.丢失数据

尽管本研究用到的很多数据都是从CSMAR数据库中直接下载的，但仍然可能存在变量缺失的情况。若关键变量的部分数据缺失，考虑从上市公司年报中进行补充，若仍有个别数据缺失，则参考德米特里和苏迪普塔（Dmitri and Sudipta，2019）的做法采取线性插值法进行处理，该方法并不会对研究结果的准确性产生太大的影响。若连续多年的数据缺失，则考虑将其剔除。

3.异常值

异常值是数据集中较为特殊的一类值，是距离大部分数据点明显较远的值。异常值产生的原因可能是数据录入错误，数据产生条件与其他数据不一致或小概率事件等，但异常值对数据分析结果的影响较大。为了消除样本研究可能存在的异常值对结果的干扰，对连续变量两端进行1%水平上的缩尾处理。

3.13　小结

本研究采用DEA方法、描述性统计、固定效应模型、中介效应模型等方法，数据收集主要从CSMAR数据库进行收集，部分数据采用手工收集的方法。为了确保实证分析的顺利进行，对数据进行了筛选与清洗，并采用缩尾处理的方式消除本研究可能存在的异质性对研究结果的干扰。最后，利用Stata软件来检验所提出的假设。在下一章中，我们将给出数据分析的实证结果。

第4章　实证结果

4.1　引言

根据前文构建的模型，本章运用相关数据分析技术，详细介绍了长三角地区高新技术企业薪酬差距、人力资本结构与人力资本效率的数据分析结果。4.2节讨论初步数据分析的程序。4.3节则是描述性统计，在对所有变量的描述性统计结果进行分析之前，首先对人力资本效率进行分析，原因在于该指标并非直接通过上市公司财务报表、CSMAR或其他数据库获得，而是根据DEA模型进行测算，故对其结果进行详细讨论。在此之后，4.4节分析所有假设的检验结果，包括固定效应、中介效应以及异质性检验。然后对本书提出的所有假设及检验结果进行汇总。4.5节阐述本章的实证结果。

4.2　初步分析

4.2.1　检测错误值

根据前文的论述，在数据录入的过程中可能存在手工误差，或者部分指标错误配置代码，进而导致整个样本数据有误，无法导入Stata软件进行回归分析，故有必要对原始数据是否存在错误进行检验，该步骤对确保统计分析的有效性是十分必要且至关重要的。根据斯凯然和布吉（Sekaran and Bougie，2016）的研究，可采用描述性统计方法来识别连续数据与分类数据的不一致，也就是通过数据的最大值、最小值及相应的频率进行判断，核心变量的描述性统计结果如表4.1所示。由此可知，本书所选取的变量数据均在可接受的范围内，这表明在数据的录入、编码等过程中不存在错误，可以进行后续分析。

表4.1　核心变量的描述性分析

变量		Obs	Mean	Std.Dev	Min	Max
解释变量	Gap/元	2178	367 530.6	306 953.9	0	3 699 093
被解释变量	HC/无量纲	2178	0.945	0.073	0.105	1.000
中介变量	Stru/%	2178	3.537	5.853	0	45.085
控制变量	Size/无量纲	2178	22.105	1.088	19.384	27.547
	Debt/%	2178	0.383	0.184	0.014	0.975
	Capital/%	2178	0.401	0.157	0.034	0.871
	Equity/%	2178	31.514	14.074	5.920	89.850
	Comm/次	2178	0.601	0.947	0	6
	Board/人	2178	8.410	1.424	4	13
	Indep/人	2178	3.097	0.422	2	6

注：上述所有指标在表3.3中均有所解释。

4.2.2　识别缺失数据

本书采用Stata软件对所有的原始数据是否存在缺失项进行判断，结果如表4.2所示。由此可知，除人力资本结构之外，所有的变量都不存在缺失值。通过进一步分析发现，本书所选的2013—2021年高新技术企业样本组中人力资本结构变量共有10个缺失值，占总样本观测值的比重仅为0.46%。根据海尔等（Hair et al.，2010）的观点，缺失的数据不到10%，对研究结果产生的干扰较弱，即便用该变量进行假设检验，也不会产生任何影响。因此，本书并未将缺失值进行剔除处理，而是借鉴现有研究的常用做法，采用线性插值法进行处理（Dmitri and Sudipta，2019）。

表4.2　核心变量缺失数据的分析

变量	Missing/个数	Total/个数	Percent missing/%
Gap	0	2178	0
HC	0	2178	0
Stru	10	2178	0.46
Size	0	2178	0
Debt	0	2178	0
Capital	0	2178	0
Equity	0	2178	0
Comm	0	2178	0
Board	0	2178	0
Indep	0	2178	0

4.2.3　识别异常值

如果样本数据中有少量观测值离大多数观测值很远，也就是说存在异常值或极端值，那么它们会严重影响数据集的均值和标准差，进而对模型回归系数产生影响。这也就意味着容易出现回归曲线偏向极端值，进而导致模型有偏估计的情况。因此，异常值检验有利于增强数据描述结果和回归结果的准确性，检验结果如表4.3所示。

表4.3　异常值检验结果

变量	Obs	Mean	Std.Dev	Min	Max
Lev（无量纲）	2178	0.947	0.023	0.877	1.005

注：Lev表示某一个观测数据对回归系数的影响力或杠杆作用。Lev越大，表明观测数据的影响力越大。如果某些数据的Lev值比平均值高很多，则可能对回归系数产生很大影响。通过计算和比较Lev值的大小，能够判断样本数据是否存在异常值或极端值。

由此可知，Lev 的最大值为 1.005，最小值为 0.877。在此基础上计算最大值与均值之间的倍数，也就是 1.005/0.877=1.146，并不会对模型回归系数产生太大的干扰。为进一步提高模型估计结果的准确性，降低异常值或极端值可能带来的影响，本书在回归分析之前对所有数据进行 1% 水平上的 Winsorize 处理。Winsorize 处理是非常常见的数据清理和预处理方法，其将数据集中的极端值替换为更接近数据集实际分布或更为合理的值，能够对样本数据的高值或低值进行截断和调整，进而避免极端值对研究结果的影响（庞廷云 等，2020），在一定程度上提高了数据的稳定性和可靠性。Winsorize 处理并不会损失观测样本量，它能够使数据更符合实际情况，更好地适应模型需求，因此被广泛应用于各个领域的数据分析和建模中。

4.2.4 多重共线性检测

共线性是解释变量的高度相关性，它可能导致研究结果出现失真，现有研究普遍采用 VIF 检验方法对变量的多重共线性问题进行检验。VIF（方差膨胀因子）越大，表明多重共线性问题越严重。常用的判断标准是查看最大的 VIF，若不超过 10，则表明不存在严重的多重共线性问题。检验结果如表4.4所示。

表4.4　多重共线性检验结果

变量	VIF	1/VIF
Gap	1.50	0.667
Size	2.13	0.469
Debt	1.48	0.677
Capital	1.08	0.929
Equity	1.08	0.929
Comm	1.06	0.940

续表

变量	VIF	1/VIF
Board	1.88	0.531
Indep	1.84	0.543
Mean	1.51	——

注：表中的值是多重共线性的检验结果，均无量纲；VIF是解释变量之间存在多重共线性时的方差与不存在多重共线性时的方差之比，VIF越大，就表明多重共线性问题越严重。一般而言，当$0 < VIF < 10$时，表明不存在多重共线性；当$10 < VIF < 100$时，表明存在较强的多重共线性；当$VIF \geq 100$时，表明存在严重的多重共线性。多重共线性问题会影响模型估计结果的准确性，因此，有必要根据VIF进行判断，然后才能对样本数据进行回归分析。

由此可知，所有解释变量的VIF均值为1.51，VIF的最大值为2.13，远小于10，这表明不必担心存在多重共线性，可以对数据进行回归分析。

4.3　描述性统计

4.3.1　人力资本效率

根据前文的分析，在用DEA模型对长三角地区高新技术企业人力资本效率进行综合评价之前，已对相关投入和产出指标进行无量纲化处理，也就是采用第3章的公式（3.1）对原始数据进行处理，这是将不同量纲的物理量转换为同一量纲的标准化处理方法，通过计算，不同的变量之间能够进行比较和运算。在此基础上采用DEA模型进行求解，得到2013—2021年长三角地区高新技术企业人力资本效率的评价结果，其综合效率、纯技术效率和规模效率的平均值如表4.5所示。

表4.5　2013—2021年长三角地区高新技术企业人力资本效率计算结果

样本企业序号	综合效率	纯技术效率	规模效率	规模报酬状态
1	0.946	0.969	0.977	drs
2	0.950	0.969	0.981	drs
3	0.938	0.967	0.970	drs
4	0.936	0.966	0.969	drs
5	0.941	0.966	0.974	drs
6	0.958	0.969	0.988	drs
7	0.958	0.967	0.990	drs
8	0.965	0.969	0.995	drs
9	0.963	0.970	0.992	drs
10	0.862	0.972	0.887	drs
11	0.849	0.976	0.870	drs
12	0.850	0.974	0.873	drs
13	0.845	0.974	0.868	drs
14	0.844	0.980	0.862	drs
15	0.861	0.977	0.881	drs
16	0.874	0.974	0.897	drs
17	0.842	0.977	0.863	drs
18	0.853	0.975	0.875	drs
19	0.860	0.963	0.893	drs
20	0.842	0.960	0.877	drs
21	0.835	0.951	0.879	drs
22	0.828	0.960	0.862	drs
23	0.787	0.962	0.817	drs
24	0.775	0.964	0.804	drs
25	0.752	0.964	0.780	drs
26	0.781	0.963	0.810	drs
27	0.792	0.977	0.811	drs
28	0.962	0.972	0.990	drs
29	0.965	0.972	0.993	drs

样本企业序号	综合效率	纯技术效率	规模效率	规模报酬状态
30	0.964	0.969	0.994	drs
31	0.965	0.969	0.996	drs
32	0.967	0.968	0.998	drs
33	0.971	0.972	0.999	drs
34	0.968	0.972	0.996	drs
35	0.967	0.971	0.996	drs
36	0.975	0.979	0.996	drs
37	0.973	0.976	0.997	drs
38	0.974	0.976	0.998	drs
39	0.973	0.977	0.996	drs
40	0.980	0.980	1.000	–
41	0.974	0.979	0.995	irs
42	0.981	0.993	0.988	irs
43	0.982	0.992	0.990	irs
44	0.980	1.000	0.980	irs
45	0.981	0.999	0.982	irs
46	0.971	0.975	0.996	drs
47	0.975	0.979	0.996	drs
48	0.961	0.968	0.993	drs
49	0.961	0.969	0.992	drs
50	0.962	0.969	0.992	drs
51	0.960	0.969	0.990	drs
52	0.962	0.971	0.991	drs
53	0.960	0.972	0.988	drs
54	0.968	0.978	0.990	drs
55	0.925	0.990	0.934	drs
56	0.910	0.985	0.924	drs
57	0.854	0.986	0.866	drs
58	0.829	0.980	0.846	drs
59	0.771	0.979	0.787	drs

续表

样本企业序号	综合效率	纯技术效率	规模效率	规模报酬状态
60	0.802	0.975	0.823	drs
61	0.796	0.966	0.824	drs
62	0.792	0.964	0.821	drs
63	0.808	0.971	0.832	drs
64	0.998	1.000	0.998	irs
65	0.996	0.998	0.998	irs
66	0.993	0.996	0.997	irs
67	0.993	1.000	0.993	irs
68	0.998	1.000	0.998	irs
69	0.999	1.000	0.999	irs
70	0.997	1.000	0.997	irs
71	0.992	0.993	0.999	irs
72	0.996	0.997	0.998	irs
73	0.929	0.970	0.957	drs
74	0.926	0.971	0.953	drs
75	0.915	0.970	0.944	drs
76	0.913	0.967	0.944	drs
77	0.913	0.965	0.946	drs
78	0.925	0.971	0.953	drs
79	0.920	0.966	0.952	drs
80	0.919	0.964	0.954	drs
81	0.916	0.966	0.949	drs
82	0.952	0.987	0.965	drs
83	0.933	0.981	0.951	drs
84	0.915	0.970	0.943	drs
85	0.911	0.983	0.927	drs
86	0.876	0.978	0.896	drs
87	0.918	0.986	0.931	drs
88	0.905	0.976	0.928	drs
89	0.901	0.982	0.917	drs

样本企业序号	综合效率	纯技术效率	规模效率	规模报酬状态
90	0.902	0.983	0.918	drs
91	0.980	0.994	0.986	irs
92	0.985	0.996	0.989	irs
93	0.949	0.972	0.976	drs
94	0.938	0.969	0.968	drs
95	0.943	0.969	0.972	drs
96	0.934	0.969	0.964	drs
97	0.937	0.969	0.967	drs
98	0.937	0.969	0.968	drs
99	0.934	0.970	0.964	drs
100	0.990	0.995	0.995	irs
101	1.000	1.000	1.000	—
102	0.984	0.985	0.999	drs
103	0.971	0.978	0.993	drs
104	0.950	0.974	0.976	drs
105	0.951	0.977	0.974	drs
106	0.938	0.979	0.958	drs
107	0.950	0.983	0.966	drs
108	0.954	0.980	0.974	drs
109	1.000	1.000	1.000	—
110	1.000	1.000	1.000	—
111	0.985	0.985	1.000	—
112	0.986	0.986	1.000	—
113	0.982	0.982	1.000	—
114	0.956	0.978	0.977	drs
115	0.953	0.978	0.974	drs
116	0.973	1.000	0.973	drs
117	0.986	0.999	0.987	drs
118	0.975	0.994	0.981	drs
119	0.925	0.988	0.937	drs

续表

样本企业序号	综合效率	纯技术效率	规模效率	规模报酬状态
120	0.921	0.982	0.938	drs
121	0.904	0.978	0.924	drs
122	0.881	0.969	0.909	drs
123	0.933	0.969	0.962	drs
124	0.933	0.975	0.957	drs
125	0.950	0.981	0.968	drs
126	0.937	0.980	0.957	drs
127	0.933	0.982	0.951	drs
128	0.923	0.981	0.941	drs
129	0.915	0.983	0.931	drs
130	0.916	0.990	0.926	drs
131	0.910	0.990	0.920	drs
132	0.931	0.994	0.937	drs
133	0.930	0.994	0.936	drs
134	0.934	0.991	0.943	drs
135	0.914	0.990	0.923	drs
136	0.968	0.971	0.997	drs
137	0.968	0.973	0.995	drs
138	0.973	0.980	0.993	drs
139	0.976	0.987	0.989	drs
140	0.970	0.989	0.981	drs
141	0.976	0.991	0.985	drs
142	0.972	0.991	0.981	drs
143	0.961	0.990	0.970	drs
144	0.942	1.000	0.942	drs
145	0.987	0.992	0.995	irs
146	0.986	0.995	0.991	irs
147	0.984	0.992	0.993	irs
148	0.987	0.990	0.997	irs
149	0.979	0.981	0.998	drs

续表

样本企业序号	综合效率	纯技术效率	规模效率	规模报酬状态
150	0.979	0.979	0.999	drs
151	0.984	0.984	1.000	–
152	0.985	0.985	1.000	–
153	0.963	0.976	0.986	drs
154	0.972	0.973	0.999	drs
155	0.970	0.972	0.998	drs
156	0.969	0.970	0.999	drs
157	0.978	0.979	0.999	drs
158	0.974	0.979	0.995	drs
159	0.985	0.993	0.992	irs
160	0.983	0.989	0.993	irs
161	0.979	0.983	0.996	irs
162	0.982	0.984	0.998	irs
163	0.936	0.969	0.966	drs
164	0.915	0.967	0.945	drs
165	0.915	0.973	0.941	drs
166	0.823	0.964	0.854	drs
167	0.802	0.969	0.828	drs
168	0.831	0.969	0.858	drs
169	0.826	0.972	0.850	drs
170	0.809	0.975	0.830	drs
171	0.789	0.986	0.800	drs
172	0.929	0.997	0.932	drs
173	0.912	0.994	0.918	drs
174	0.895	0.987	0.906	drs
175	0.886	0.984	0.901	drs
176	0.853	0.989	0.863	drs
177	0.808	0.985	0.820	drs
178	0.781	0.980	0.797	drs
179	0.855	0.978	0.874	drs

续表

样本企业序号	综合效率	纯技术效率	规模效率	规模报酬状态
180	0.808	0.903	0.895	drs
181	0.964	0.993	0.970	drs
182	1.000	1.000	1.000	–
183	0.997	0.997	1.000	–
184	0.974	0.995	0.979	drs
185	0.954	0.990	0.964	drs
186	0.894	0.987	0.906	drs
187	0.885	0.981	0.902	drs
188	0.855	0.977	0.875	drs
189	0.847	0.974	0.869	drs
190	1.000	1.000	1.000	–
191	0.991	0.998	0.993	irs
192	0.979	0.989	0.989	irs
193	0.977	0.988	0.989	irs
194	0.982	0.994	0.988	irs
195	0.985	1.000	0.985	irs
196	0.988	0.999	0.989	irs
197	0.993	1.000	0.993	irs
198	0.990	1.000	0.990	irs
199	0.935	0.946	0.988	drs
200	0.947	0.967	0.979	drs
201	0.951	0.982	0.969	drs
202	0.936	0.969	0.966	drs
203	0.952	0.973	0.978	drs
204	0.950	0.978	0.971	drs
205	0.948	0.980	0.967	drs
206	0.935	0.970	0.965	drs
207	0.930	0.964	0.964	drs
208	0.969	0.970	0.999	drs
209	0.966	0.969	0.998	drs

续表

样本企业序号	综合效率	纯技术效率	规模效率	规模报酬状态
210	0.968	0.974	0.994	drs
211	0.977	0.985	0.992	drs
212	0.967	0.975	0.992	drs
213	0.877	0.879	0.997	drs
214	0.965	0.968	0.997	drs
215	0.924	0.927	0.996	drs
216	0.964	0.969	0.995	drs
217	0.997	1.000	0.997	irs
218	1.000	1.000	1.000	−
219	1.000	1.000	1.000	−
220	0.980	0.980	0.999	
221	0.980	0.980	1.000	−
222	0.980	0.990	0.990	irs
223	0.976	0.983	0.993	irs
224	0.982	1.000	0.982	irs
225	0.977	1.000	0.977	irs
226	0.980	0.981	0.999	irs
227	0.979	0.981	0.998	irs
228	0.978	0.978	0.999	irs
229	0.977	0.982	0.995	irs
230	0.936	0.937	0.999	irs
231	0.984	0.996	0.988	irs
232	0.988	1.000	0.988	irs
233	0.993	1.000	0.993	irs
234	0.989	0.996	0.993	irs
235	0.968	0.993	0.974	drs
236	0.967	0.993	0.973	drs
237	0.954	0.988	0.965	drs
238	0.959	0.980	0.979	drs
239	0.944	0.981	0.962	drs

续表

样本企业序号	综合效率	纯技术效率	规模效率	规模报酬状态
240	0.952	0.982	0.970	drs
241	0.938	0.968	0.969	drs
242	0.942	0.969	0.972	drs
mean	0.937	0.980	0.956	—

注：表中的值为DEA软件测算的结果，取值为0~1，均无量纲；mean表示均值，irs为规模报酬递增；drs为规模报酬递减。规模报酬反映了企业在其他条件不变的情况下，各类生产要素或投入要素按相同比例变化时所带来的产量变化。

其中，综合效率反映了长三角地区高新技术企业人力资本效率的整体情况，由表4.5可知，2013—2021年长三角地区高新技术企业人力资本综合效率的平均值为0.937，但综合效率存在较大差距，据表4.1，人力资本效率最大值达到1.000，最小值仅为0.105，这也反映了人力资本效率的非均衡发展状态。综合效率等于1.000的高新技术企业，其技术效率和规模效率都实现了DEA有效，也就是用较少的人力资本投入实现产出的最大化。也就是说，除非增加新的投入或者减少某一类产出，否则无法改变当前的产出量，这些高新技术企业人力资本投入产出已经达到了最优。综合效率小于1.000，则意味着长三角地区高新技术企业的技术和规模效率没有实现DEA有效，即人力资本投入产出存在冗余问题，可能是人力资本配置效率低下或管理水平较差等原因引起的，也可能是人力资本投入规模结构不合理引起的。

综合效率可进一步分解为纯技术效率与规模效率，其中，纯技术效率反映了决策单元在当前的技术条件下能够实现的投入产出水平，也就是在既定资源要素投入的前提下，长三角地区高新技术企业人力资本所能达到的最大产出能力。规模效率则反映了决策单元的生产活动是否达到最优的规模，也就是高新技术企业经营规模是否达到最优水平。在样本研究期间内，纯技术效率和规模效率的平均值分别为0.980和0.956，整体而言处于较高水平，表明长三角地区高新技术企业与人力资本相关的决策和管理水平较为成熟，对人力资本的利用效率较高。尽管高新技术企业人力资本综合效率、纯技术效率和规模效率的平均值处于较高水平，然而，部分企业尚未达到最优水平，这也是人力资本效率提升的关键。由于高新技术企业所属的地区不同，各地区的资源禀赋、经济发展水平、区位优势等存在明显差异，对人力资本的利用效率也有所不同。

从规模报酬状态来看，规模报酬递增是指一个变量增加或减少一个单位，而其他因素保持不变，引起这个变量变化的边际效应逐渐增加的现象，简单来说就是产出增加的比例大于各投入要素增加的比例。规模报酬递减是指一个变量增加或减少一个单位，而其他因素保持不变，引起这个变量变化的边际效应逐渐减少的现象，也就是产出增加的比例小于各投入要素增加的比例。由表4.5可知，处于规模报酬递增状态的高新技术企业有47家，也就是说当高新技术企业人力资本投入规模较小时，加大人力资本投入有利于实现规模收益，这些处于规模报酬递增状态的高新技术企业能够充分利用人力资本投入要素获得更高的产出，提高人力资本效率。处于规模报酬递减状态的高新技术企业有179家，这些高新技术企业持续加大人力资本投入也不能有效提高产出，甚至会导致人力资本效率下降，这也是企业人力资本综合效率未实现DEA有效的原因。

进一步对其变化状态分析发现，2013—2021年长三角地区高新技术企业人力资本综合效率达到DEA有效的样本量仅有7家，这表明这部分企业人力资本效率相对有效，人力资本投入与产出均处于理想状态，但占总样本量的比重仅为2.89%，表明尽管人力资本效率呈现波动上升的发展趋势，仍存在较大的提升空间。

4.3.2　描述性统计结果分析

前文已经列示了核心变量的描述性统计结果，包括解释变量薪酬差距、被解释变量人力资本效率、中介变量人力资本结构以及所有的控制变量。根据表4.1

可知，中国长三角地区高新技术企业薪酬差距的均值为367 530.6元；其最大值达到3 699 093元，这表明高新技术企业的员工之间存在较大的薪酬差距。人力资本效率的平均值、最大值和最小值分别为0.945、1.000和0.105，反映了高新技术企业人力资本效率的非均衡发展特征，也就是说，不同的高新技术企业人力资本效率存在很大的差异，有的高新技术企业人力资本效率处于较高水平，有的高新技术企业人力资本效率很低，最大值是最小值的9倍，这表明部分企业仍然存在较大的提升空间，这对充分发挥人力资本效用具有重要意义。

值得关注的是，表4.5中的数据显示高新技术企业人力资本综合效率的均值为0.937，不同于前文描述性统计中的结果0.945，原因在于此处将2013—2021年的数据导入DEA模型进行测算，得到的是年度均值，也就是2013—2021年人力资本效率的平均值。本书为得到面板数据，分别将各年度的数据导入DEA模型进行重新测算，得到各个年度的人力资本综合效率值，故导致二者的结果存在差异。人力资本结构的最大值为45.085，最小值为0，这表明不同高新技术企业拥有的硕士及以上学位员工的数量存在较大差异，员工的学历水平参差不齐。从控制变量的描述性统计结果来看，企业规模的标准差为1.088，最大值和最小值分别为27.547和19.384。尽管它们都符合政府部门关于高新技术企业的认定标准或条件，但不同企业之间的规模仍存在差距。此外，财务杠杆（也就是企业的资产负债率）的均值为0.383，表明整体而言，高新技术企业的资产负债率处于较低水平，但仍有少量企业资产负债率较高，最大值达到0.975。

4.4 假设检验

4.4.1 基本回归分析

在面板数据回归分析之前，需要进行Hausman检验，它是用于判断面板数据适合采用固定效应模型还是随机效应模型的统计检验方法，通过Hausman检验能够帮助研究者选择合适的模型，有利于提高研究结果的准确性和可信度。因此，本书在回归分析之前进行Hausman检验，进而确定究竟是采用固定效应模型还是随机效应模型。如果Hausman检验的统计量在1%的水平上显著，表明应当接受原假设，选择固定效应模型进行回归，否则应该选取随机效应模型。检验结果显示，统计量的值为61.47，相应的p值为0.000，也就是说统计量在1%的水平上显著，这表明应选择固定效应模型。因此，本书将薪酬差距作为核心解释变量，将人力资本效率作为被解释变量，并采用固定效应模型进行回归。根据第3章构建的基本回归模型（3.2），得到相关回归结果如表4.6所示。

表4.6　基本回归结果

变量	Model (1)
Gap	$-0.006^{***}(0.002)$
Size	$-0.012^{***}(0.002)$
Debt	$-0.055^{***}(0.007)$
Capital	$-0.010(0.008)$
Equity	$0.000^{***}(0.000)$
Comm	$-0.000(0.001)$
Board	$-0.001(0.001)$
Indep	$0.000(0.004)$
Cons	$1.326^{***}(0.038)$
N	2178
R^2	0.408

注：表中的系数为Stata软件运行后的回归结果；括号内为稳健标准误；*$p<0.1$，**$p<0.05$，***$p<0.01$。

由此可知，中国长三角地区高新技术企业薪酬差距与人力资本效率之间的回归系数为-0.006，且在1%的水平上显著，这表明薪酬差距对人力资本效率产生了显著的负面影响，验证了前文提出的假设H1b，回答了第1章提出的第一个研究目标，也就是通过实证研究检验高新技术企业薪酬差距对人力资本效率的影响。主要原因可能是各地区为吸引高素质的优秀员工，给予很高的薪酬水平，虽然带来了人力资本的集聚效应，但也导致企业内部薪酬差距持续扩大，也就是说高新技术企业设置较高的薪酬水平，吸引了大量员工来企业工作，但同时也带来薪酬差距过高的问题。过高的薪酬差距对企业整体人力资本效率产生了负面影响，尤其是低层次员工的薪酬业绩敏感性较强，在薪酬差距持续扩大的背景下，他们对企业的不满意度、不公平感也在提升，甚至他们会觉得自己的努力并没有得到企业的认同，进而产生消极怠工的行为。这一研究结论与当前中国政策实践是相契合的。近年来，各地政府部门出台相应的措施，对企业薪酬差距进行限制，并设置不同岗位的薪酬标准，以期有效平衡管理层、中层干部和普通员工之间的薪酬水平。同时，政策要求应合理控制岗位分配级差（优化企业内部不同岗位人员的收入分配结构），这样才能充分调动一线员工、基层员工的工作积极性。因此，上述研究结果表明在长三角地区高新技术企业中，行为理论占据主导地位。

随着高新技术企业之间的人才竞争日益激烈，很多地区的政府部门和企业也不断推出更高的薪酬水平和优惠政策，以此吸引更多高素质、高技能的员工，这在一定程度上为员工提供了很多选择的机会，为了实现更高的薪酬和发展空间，他们可能会选择跳槽，导致高新技术企业员工流失问题严重，人力资本效率的持续下滑，制约着高新技术企业的可持续发展。因此，薪酬差距并非吸引、留住员工的唯一路径，针对当前薪酬差距对人力资本效率产生的负面影响，高新技术企业应设计更为合理的薪酬制度，更好地激发员工的工作热情和创新水平。

为提高研究结果的稳健性，本书依次采用移动平均处理、改变时间序列、改变计量模型等方法进行稳健性检验，并根据基本回归模型（3.2）得到相关回归结果如表4.7所示。

表4.7　基本回归的稳健性检验结果

变量	移动平均处理	改变时间序列	改变计量模型
	Model (1)	Model (1)	Model (3)
Gap	−0.008***(0.002)	−0.005**(0.002)	−0.007***(0.002)
Size	−0.015***(0.001)	−0.010***(0.002)	−0.029***(0.001)
Debt	−0.011**(0.006)	−0.037***(0.008)	−0.031***(0.006)
Capital	−0.011*(0.006)	0.004(0.009)	−0.004(0.006)
Equity	−0.000***(0.000)	0.000(0.000)	−0.000(0.000)
Comm	0.001(0.001)	−0.004***(0.001)	−0.001(0.001)
Board	−0.002**(0.001)	−0.002*(0.001)	−0.002(0.001)
Indep	−0.002(0.003)	0.000(0.004)	−0.010***(0.003)
Cons	1.425***(0.027)	1.258***(0.043)	1.743***(0.023)
N	2178	1936	2178
R^2	0.489	0.406	0.466

注：表中的系数为Stata软件运行后的回归结果；括号内为稳健标准误；*$p<0.1$，**$p<0.05$，***$p<0.01$。

首先，考虑到各年度数据波动可能对本书的研究结果产生影响，故将数据进行三次移动平均处理，这是将数据进行平滑性处理的常用方法，结果显示薪酬差距与人力资本效率的回归系数为−0.008，在1%的水平上显著，表明薪酬差距对人力资本效率有显著的负面影响，这与前文的研究结果是一致的。

其次，由于高新技术企业人力资本效率在短期内可能没有太大的变化，或者薪酬差距对人力资本效率的影响具有一定的滞后性，故将被解释变量滞后一期，回归结果显示薪酬差距与人力资本效率的回归系数为−0.005，在5%的水平上显著，尽管显著性水平有所变化，但系数符号并未发生改变，它仍然是负数，也就是说薪酬差距的持续扩大导致高新技术企业人力资本效率下滑。

最后，改变计量模型，采用混合回归的方法进行重新检验，结果显示薪酬差距与人力资本效率的回归系数为−0.007，在1%的水平上显著，再次验证了前文提出的研究假设。因此，前文得到的研究结论是具有稳健性的。

4.4.2　中介效应分析

根据前文的研究结果，高新技术企业薪酬差距对人力资本效率具有显著的负面影响，为进一步揭示人力资本结构发挥的作用，本书首先根据前文构建的中介效应模型（3.3），对薪酬差距与人力资本结构之间的关系进行验证，然后根据模型（3.4），将薪酬差距、人力资本结构与人力资本效率纳入同一研究模型进行实证分析，相关回归结果如表4.8所示。

表4.8　中介效应回归结果

变量	Model (1)	Model (2)
	Stru	HC
Gap	0.007***(0.001)	−0.006***(0.002)
Stru		0.018(0.040)
Size	0.005***(0.001)	−0.013***(0.002)
Debt	−0.011**(0.004)	−0.055***(0.007)
Capital	−0.004(0.005)	−0.009(0.008)
Equity	−0.000*(0.000)	0.003***(0.000)
Comm	−0.001**(0.000)	0.000(0.001)
Board	−0.000(0.001)	−0.001(0.001)
Indep	−0.000(0.002)	0.000(0.004)
Cons	−0.155***(0.022)	1.329***(0.039)
N	2178	2178
R^2	0.022	0.405

注：表中的系数为Stata软件运行后的回归结果；括号内为稳健标准误；*$p<0.1$，**$p<0.05$，***$p<0.01$。

表中Model（1）的解释变量是薪酬差距，被解释变量为人力资本结构，相关回归结果反映了薪酬差距与人力资本结构之间的关系。由此可知，薪酬差距与人力资本结构的回归系数为0.007，通过了1%的显著性水平检验，这表明薪酬差距对企业人力资本结构的优化调整具有显著的促进作用，也就是说薪酬差距的扩大可以提高企业高学历员工的占比，这表明较高的薪酬水平有利于吸引高学历的员工来企业工作。一方面，对高学历的员工来说，他们有更全面的知识体系，掌握着先进的技术和管理方法，企业愿意支付更高的薪酬，并任命其在企业中担任重要岗位。高学历员工在高薪酬的吸引下，为实现自身价值、获得良好的薪酬水平愿意加入企业，进而对人力资本结构产生正向影响。另一方面，高新技术企业对高素质、高技能员工的需求不断增长，也愿意支付更高的工资，低学历员工提供的知识和技能往往有限，可替代性较强，他们通常无法满足企业的需求。在选择相应的岗位时，这些员工会规避对技能需求高、薪酬高的岗位，因为他们没有能力完成企业要求，故低学历员工的占比将会持续下降。由此可见，薪酬差距会对高学历的员工产生强烈的吸引力，而低学历的员工会不断退出或被市场淘汰，薪酬差距对优化人力资本结构具有显著的促进作用。

Model（2）将薪酬差距、人力资本结构与人力资本效率同时纳入模型，结果显示薪酬差距的回归系数为 -0.006，在1%的水平上显著，人力资本结构的回归系数为0.018，未通过显著性水平检验。其中，人力资本结构是中介变量，由于人力资本结构的回归系数是0.018，但并不显著，故进一步采用偏差校正非参数百分位Boostrap方法进行检验，以此判断中介效应的显著性。这是一种非参数统计推断方法，在数据分析中被广泛应用于置信区间的估计和模型校验。这个方法最基本的原理就是从原始数据中随机抽样，进而形成大量的样本数据，然后根据样本数据的分析结果来估计总体参数。该方法的估计结果具有很高的准确性和可靠性。结果显示相关置信区间不包含0，表示间接效应显著，也就是说人力资本结构在薪酬差距与人力资本效率之间的中介效应是显著的，验证了前文提出的假设H2，回答了第1章提出的第二个研究目标，也就是检验人力资本结构在高新技术企业薪酬差距与人力资本效率之间的作用。因此，薪酬差距能够通过人力资本结构的优化调整而减弱对人力资本效率的负面影响，这表明高新技术企业在设置合理薪酬差距的同时，更应该关注人力资本结构，加强对高素质、高学历员工的引入，着重发挥这类员工的工作积极性和创造性，进而实现人力资本效率提升，为企业创造更大的价值。

根据前文的分析，在高新技术企业中，行为理论占据主导地位，也就是说薪酬差距的持续扩大会诱发员工的不公平感和不满意度，他们会产生消极怠工的行为，而薪酬差距会吸引越来越多的高学历员工加入企业，进而不断优化企业的人力资本结构。那么对薪酬水平较低的中等学历或低学历员工来说，他们掌握的知识、技术有限，管理水平往往也处于较低水平，在劳动力市场上的很容易被替代，如果他们对薪酬差距不满而不努力工作，那么他们可能会被企业或市场淘汰，最终不得不离开企业甚至失业。与此同时，更多同质化的员工将会涌入高新技术企业，进而补足其岗位空缺。因此，随着企业人力资本结构的优化，低学历员工为了避免薪酬差距产生的负面经济后果和被淘汰的心理压力，有更强的动力努力工作，致力于为企业创造更大的价值，而高学历员工本身的知识储备和技能水平较高，管理能力也比较强，能够进一步促进高新技术企业人力资本效率提升。因此，薪酬差距可能会通过人力资本结构而对人力资本效率产生影响。随着人力资本结构的不断优化，一定程度上降低了薪酬差距对人力资本效率的负面效应。

为提高研究结果的稳健性，按照与前文相同的方法进行稳健性检验，也就是移动平均处理、改变时间序列、改变计量模型，相关回归结果如表4.9所示。

首先，移动平均处理的稳健性检验结果如表4.9中的 Model（1）及 Model（2）所示。由此可知，薪酬差距与人力资本结构的回归系数为0.008，在1%的水平上显著，表明薪酬差距对人力资本结构有显著的促进作用，也就是说高新技术企业薪酬差距的扩大有利于吸引更多的高学历员工，进而优化企业的人力资本结构，这与前文的研究结果是一致的。将薪酬差距、人力资本结构与人力资本效率纳入同一模型进行回归发现，薪酬差距的回归系数仍在1%的水平上显著为负，人力资本结构的回归系数为正，但并不显著，进一步采用Boostrap检验法进行回归，发现其置信区间不包含0（前文已经介绍过，可以用Boostrap方法判断中介效应是否显著，由于置信区间不包含0，也就意味着中介作用是显著的），由此可见人力资本结构的中介作用是显著的，这与前文的研究结论一致。

表4.9　中介效应的稳健性检验结果

变量	移动平均处理		改变时间序列		改变计量模型	
	Model (1)	Model (2)	Model (3)	Model (4)	Model (5)	Model (6)
	Stru	HC	Stru	HC	Stru	HC
Gap	0.008***	−0.007***	0.005***	−0.005**	0.012***	−0.008***
	(0.002)	(0.002)	(0.001)	(0.002)	(0.002)	(0.002)
Stru		0.044		0.071*		−0.003
		(0.033)		(0.043)		(0.017)
Size	0.007***	−0.015***	0.007***	−0.009***	0.003*	−0.029***
	(0.001)	(0.001)	(0.001)	(0.002)	(0.002)	(0.001)
Debt	−0.019***	−0.012**	−0.005	−0.038***	0.010	−0.031***
	(0.006)	(0.006)	(0.005)	(0.008)	(0.007)	(0.006)
Capital	−0.014**	−0.011*	0.002	0.004	−0.120***	−0.004
	(0.006)	(0.008)	(0.005)	(0.009)	(0.007)	(0.006)
Equity	−0.001	0.000***	−0.000*	0.000	0.000	−0.000
	(0.000)	(0.000)	(0.001)	(0.000)	(0.000)	(0.000)
Comm	−0.001	0.001	−0.001**	−0.004***	0.006***	−0.001
	(0.001)	(0.001)	(0.001)	(0.001)	(0.001)	(0.001)
Board	−0.002*	−0.002**	0.000	−0.002*	−0.002	−0.000
	(0.001)	(0.001)	(0.001)	(0.001)	(0.001)	(0.001)
Indep	−0.001	−0.002	−0.001	0.000	0.037***	−0.010***
	(0.003)	(0.003)	(0.002)	(0.004)	(0.004)	(0.003)
Cons	−0.185***	1.419***	−0.181***	1.244***	−0.242***	1.742***
	(0.027)	(0.028)	(0.025)	(0.044)	(0.028)	(0.023)
N	2178	2178	1936	1936	2178	2178
R^2	0.031	0.483	0.012	0.383	0.177	0.466

注：表中的系数为Stata软件运行后的回归结果；括号内为稳健标准误；*$p<0.1$，**$p<0.05$，***$p<0.01$。

其次，改变时间序列的稳健性检验结果如 Model（3）及 Model（4）所示。由此可知，薪酬差距与人力资本结构的回归系数为0.005，在1%的水平上显著，表明高新技术企业薪酬差距有利于改善人力资本结构。进一步分析发现，薪酬差距与人力资本效率的回归系数在5%的水平上显著为负，人力资本结构与人力资本效率的回归系数在10%的水平上显著为正，这验证了人力资本结构的中介作用。通过分析薪酬差距的系数变化可知，薪酬差距的显著性水平从1%下降至5%，这表明薪酬差距能够优化人力资本结构，进而显著降低其对人力资本效率的负面影响。由于中介变量——人力资本结构的回归系数显著，这就验证了人力资本结构的中介作用是显著的，故无须采用Boostrap法进行进一步检验。

最后，改变计量模型的稳健性检验结果如 Model（5）及 Model（6）所示。由此可知，薪酬差距与人力资本结构的回归系数为0.012，在1%的水平上显著，这与前文的研究结论是一致的，即薪酬差距对人力资本结构有促进作用。将薪酬差距、人力资本结构与人力资本效率纳入同一模型进行回归发现，薪酬差距的回归系数为-0.008，在1%的水平上显著，人力资本结构的回归系数为-0.003，但并未通过显著性水平检验，进一步采用Boostrap检验法进行回归，发现其置信区间不包含0，也就是说人力资本结构的中介作用是显著的。因此，前文得到的研究结论是具有稳健性的。

4.4.3 异质性分析

1.企业自身特征的异质性

为考察企业自身特征不同导致的高新技术企业薪酬差距对人力资本效率的异质性影响，回答前文提出的第三个研究目标，也就是检验企业自身特征差异所导致的高新技术企业薪酬差距对人力资本效率影响的异质性，本书分别从企业规模、产权性质、两职分离程度、所属行业四个维度进行检验。

（1）企业规模的异质性。根据前文的分析，长三角地区高新技术企业薪酬差距对人力资本效率有显著的负面影响，而人力资本结构发挥着显著中介作用，薪酬差距能够通过人力资本结构的优化调整来降低其对人力资本效率的负面效应。在此基础上，本书进一步进行分组检验，以期得到更为细化、深入的研究结论。

首先，根据样本企业的规模，将其划分为规模较大的高新技术企业和规模较小的高新技术企业。然后，采用固定效应模型和中介效应模型进行分组检验，相关检验结果如表4.10所示。其中，Model（1）~Model（3）为大规模企业薪酬差距、人力资本结构与人力资本效率相关的回归结果，Model（4）~Model（6）为小规模企业的回归结果。Model（1）和Model（4）是根据第3章构建的基本回归模型（3.2）得到的薪酬差距与人力资本效率的回归结果，Model（2）和Model（5）是根据前文构建的中介效应模型（3.3）得到的薪酬差距与人力资本结构的回归结果，Model（3）和Model（6）是根据前文构建的中介效应模型（3.4）得到的薪酬差距、人力资本结构与人力资本效率的回归结果。

表4.10　企业规模的异质性检验结果

变量	大规模企业			小规模企业		
	Model (1)	Model (2)	Model (3)	Model (4)	Model (5)	Model (6)
	HC	Stru	HC	HC	Stru	HC
Gap	−0.015***	0.007***	−0.015***	−0.003**	0.006***	−0.003**
	(0.005)	(0.002)	(0.005)	(0.002)	(0.001)	(0.002)
Stru			0.062			0.012
			(0.104)			(0.032)
Size	−0.050***	0.009***	−0.051***	0.001	0.008***	0.001
	(0.005)	(0.002)	(0.005)	(0.002)	(0.001)	(0.002)
Debt	−0.000	0.034***	−0.002	−0.053***	−0.019***	−0.053***
	(0.026)	(0.012)	(0.026)	(0.005)	(0.004)	(0.005)
Capital	−0.019	−0.037***	−0.016	−0.004	0.004	−0.004
	(0.023)	(0.010)	(0.023)	(0.006)	(0.005)	(0.006)

续表

变量	大规模企业			小规模企业		
	Model (1)	Model (2)	Model (3)	Model (4)	Model (5)	Model (6)
	HC	Stru	HC	HC	Stru	HC
Equity	−0.000	−0.001***	−0.000	0.000***	−0.000	0.000***
	(0.000)	(0.000)	(0.000)	(0.000)	(0.001)	(0.000)
Comm	0.003	−0.002**	0.003*	0.000	−0.001	0.000
	(0.002)	(0.001)	(0.002)	(0.001)	(0.001)	(0.001)
Board	−0.005*	−0.002	−0.005*	−0.001	−0.000	−0.001
	(0.003)	(0.001)	(0.003)	(0.001)	(0.001)	(0.001)
Indep	0.002	−0.001	0.002	−0.003	0.001	−0.003
	(0.007)	(0.003)	(0.007)	(0.003)	(0.002)	(0.003)
Cons	2.327***	−0.211***	2.341***	1.015***	−0.207***	1.018***
	(0.106)	(0.049)	(0.109)	(0.034)	(0.028)	(0.034)
N	546	546	546	1632	1632	1632
R^2	0.399	0.222	0.393	0.132	0.076	0.134

注：表中的系数为Stata软件运行后的回归结果；括号内为稳健标准误；*$p<0.1$，**$p<0.05$，***$p<0.01$。

　　由此可知，在规模较大的高新技术企业中，薪酬差距与人力资本效率的回归系数为−0.015，在1%的水平上显著，而在规模较小的高新技术企业中，薪酬差距与人力资本效率的回归系数为−0.003，在5%的水平上显著，这表明薪酬差距对大规模和小规模企业人力资本效率都有负面影响。由于前者在1%的水平上显著，后者在5%的水平上显著，这表明薪酬差距的负面影响在大规模企业中更为明显，也就是说相较于小规模的企业，薪酬差距对大规模企业人力资本效率的负面作用更大。因此，企业自身特征差异中的企业规模维度会导致薪酬差距对人力资本效率的影响存在异质性，前文提出的假设H3a得以验证，并回答了第1章提出的第三个研究目标中的企业自身特征差异——企业规模差异所导致的高新技术企业薪酬差距对人力资本效率影响的异质性。原因可能是大规模企业的资金实力较强，在很多方面都有比较优势，如银行贷款、风险承担等，它们有充足的资金用于员工薪酬的发放。为吸引高素质员工，该类企业可以设置很高的薪酬水平，且薪酬上调的空间也很大，长此以往导致大规模企业薪酬差距的持续扩大，其对人力资本效率的负面影响更为显著。而小规模企业的资金实力较弱，尽管在实践中企业有意愿向高素质、高技能员工提供较高的薪酬水平，但受企业自身的资金瓶颈限制和薄弱的财务基础等原因影响，导致其在薪酬决策时更加谨慎，无法设置过高的薪酬差距。从薪酬差距的相关数据来看，大规模企业设置的薪酬差距均值为 586 413.56 元，但小规模企业仅为294 290.94 元。因此，薪酬差距对人力资本效率的负面影响在大规模企业中更为显著。

从人力资本结构的中介作用来看，大规模企业薪酬差距与人力资本结构的回归系数为 0.007，小规模企业薪酬差距与人力资本结构的回归系数为0.006，二者均在 1% 的水平上显著，这表明无论是大规模的企业，还是小规模的企业，薪酬差距对企业人力资本结构都具有显著的促进作用（这是根据回归系数的正负来判断的，回归系数为正，表明二者存在正相关关系，薪酬差距有利于促进人力资本结构的优化调整）。在较高的薪酬吸引下，会有越来越多的硕士、博士学位员工加入到企业，进而提高企业高学历员工的占比，更充分地发挥其知识、技术和管理能力，实现人力资本结构的优化调整。将薪酬差距、人力资本结构与人力资本效率同时纳入模型进行回归后，可以发现大规模企业薪酬差距对人力资本效率的影响在 1% 的水平上显著为负，中介变量人力资本结构的回归系数为 0.062，并未通过显著性水平检验。由于中介变量不显著，其在薪酬差距与人力资本效率之间的中介作用是否显著呢？在此基础上，本书采用 Boostrap 法进行检验发现，相关置信区间不包含 0，表示间接效应显著，也就是说人力资本结构在大规模企业薪酬差距与人力资本效率之间的中介效应是显著的。这就表明大规模企业在设置较高薪酬差距的同时，能够带来人力资本结构的优化调整，高学历员工占比的提升，反过来降低了薪酬差距对大规模企业人力资本效率的负面影响。在小规模的企业中，薪酬差距对人力资本结构的影响在5%的水平上显著为负，相关回归系数为−0.003，回归变量人力资本结构的回归系数为0.012，并未通过显著性水平检验。通过进一步采用Boostrap法进行检验发现，其中介作用是显著的，这表明薪酬差距也能够通过人力资本结构的优化来降低其对小规模企业人力资本效率的负面影响。

然而，值得关注的是，在中介效应回归模型中，薪酬差距能够通过人力资本结构来影响人力资本效率这一作用机制在小规模企业中更为显著。主要表现如下：在考虑人力资本结构的中介作用时，薪酬差距对大规模企业人力资本效率的负面影响仍然在1%的水平上显著，但对小规模企业人力资本效率的负面影响在5%的水平上显著，这就表明人力资本结构的作用效果在小规模企业中更有成效。原因可能是与大规模的企业相比，小规模企业自身拥有的资金是非常有限的，导致其无法设置太高的薪酬差距，其对人力资本效率的负面影响相较于大规模企业而言会有所减弱。同时，小规模企业高学历员工发挥的边际贡献较大，即便是少量高学历员工加入，也能够优化人力资本结构，通过充分发挥其知识、技能和管理优势，实现人力资本效率的大幅度改善。然而，大规模企业对高学历员工数量的需求较大，需要很多的高学历员工加入才能从整体上提升该类员工的占比，个别高学历员工发挥的边际贡献较弱，这就导致人力资本结构的中介作用难以有效发挥。也就是说，人力资本结构的中介作用在小规模企业中更为显著。

（2）产权性质的异质性。根据前文的论述，可以将产权性质划分为国有企业和非国有企业，也就是根据实际控制人的性质作为判断标准，这是学术界普遍采用的分类方法。因此，根据样本企业的产权性质不同，将其划分为国有企业组和非国有企业组，在此基础上对薪酬差距、人力资本结构与人力资本效率之间的关系进行分组回归和重新检验，相关回归结果如表4.11所示。其中，Model（1）为国有企业薪酬差距、人力资本结构与人力资本效率相关的回归结果，Model（2）~ Model（4）为非国有企业相关的回归结果。Model（1）和

Model（2）是根据第3章构建的基本回归模型（3.2）得到的薪酬差距与人力资本效率的回归结果，Model（3）是根据前文构建的中介效应模型（3.3）得到的薪酬差距与人力资本结构的回归结果，Model（4）是根据前文构建的中介效应模型（3.4）得到的薪酬差距、人力资本结构与人力资本效率的回归结果。

表4.11　产权性质的异质性检验结果

变量	国有企业	非国有企业		
	Model (1)	Model (2)	Model (3)	Model (4)
	HC	HC	Stru	HC
Gap	−0.003(0.005)	−0.008***(0.002)	0.006***(0.001)	−0.008***(0.002)
Stru				0.014(0.045)
Size	−0.020***(0.005)	−0.011***(0.002)	0.004***(0.001)	−0.011***(0.002)
Debt	0.003(0.022)	−0.053***(0.007)	−0.013***(0.004)	−0.052***(0.007)
Capital	−0.061***(0.022)	−0.001(0.008)	−0.003(0.005)	−0.001(0.008)
Equity	−0.000(0.000)	0.000***(0.000)	−0.000*(0.001)	0.000***(0.000)
Comm	0.004(0.003)	−0.001(0.001)	−0.001***(0.000)	−0.001(0.001)
Board	−0.005**(0.002)	−0.000(0.001)	−0.000(0.001)	−0.000(0.001)
Indep	0.012*(0.007)	−0.003(0.004)	0.001(0.002)	−0.003(0.004)
Cons	1.445***(0.102)	1.307***(0.040)	−0.125***(0.022)	1.309***(0.040)
N	378	1800	1800	1800
R^2	0.510	0.392	0.043	0.388

注：表中的系数为Stata软件运行后的回归结果；括号内为稳健标准误；$*p<0.1$，$**p<0.05$，$***p<0.01$。

　　由此可知，在国有企业中，薪酬差距与人力资本效率的回归系数为−0.003，并未通过显著性水平检验，这表明当高新技术企业的产权性质为国有企业时，薪酬差距对人力资本效率的负面影响并不显著。因此，企业自身特征差异中的产权性质维度会导致薪酬差距对人力资本效率的影响存在异质性，前文提出的假设H3b得以验证，并回答了第1章提出的第三个研究目标中的企业自身特征差异——产权性质差异所导致的高新技术企业薪酬差距对人力资本效率影响的异质性。原因可能是近年来政府部门出台多项限制国有企业薪酬差距的政策文件，在一定程度上缩小了企业内部薪酬差距。如2014年政府部门提出对不合理的偏高收入和过高收入进行调整，形成管理层和普通员工之间的合理薪酬收入分配关系，合理调节不同行业企业负责人的薪酬差距，高管与普通员工之间的薪酬差距从20倍下调至8倍，部分地区高管年薪限制为普通员工的5倍，甚至更低。2015年中央企业开始实施薪酬制度改革，并对企业负责人进行统一化的薪酬安排，加强对高管薪酬的监管力度，逐渐规范国有企业的收入分配秩序。2016年国务院国有资产监督管理委员会披露了近百家国有企业高管薪酬信息，随后出台相关政策文件对高管经营业绩进行考核，并与薪酬水平相挂钩。2019年各地陆续实施薪酬体系改革方案，进一步对国有企业高管薪酬进行限制，这显著缩小了国有企业高管与普通员工之间的薪酬差距。

综上所述，薪酬差距对国有企业人力资本效率的负面影响并不显著，这一研究结果表明现阶段国有企业薪酬差距的下降取得了明显成效，降低了薪酬差距对人力资本效率的负面作用。由于其未通过显著性水平检验，故无须对人力资本结构的中介作用进行检验，原因在于中介效应检验的前提是：解释变量薪酬差距和被解释变量人力资本效率之间的关系应该是显著的，如果二者的关系不显著，则无须进行后续检验。

非国有企业的回归结果显示，当高新技术企业为非国有企业时，薪酬差距与人力资本效率之间的回归系数为-0.008，在1%的水平上显著，表明薪酬差距对非国有高新技术企业人力资本效率有显著的抑制作用。通过对比分析国有企业的回归结果，可以发现国有企业薪酬差距与人力资本效率的关系并不显著，而非国有企业薪酬差距与人力资本效率的关系是显著为负的，因此，薪酬差距对人力资本效率的负面影响在非国有企业更加明显。进一步分析人力资本结构的中介作用发现，薪酬差距与人力资本结构的回归系数为0.006，在1%的水平上显著，这表明薪酬差距对非国有企业人力资本结构的优化调整有促进作用，也就是说较高的薪酬差距有利于吸引更多的硕士、博士等高学历员工。将薪酬差距、人力资本结构与人力资本效率同时纳入模型进行回归，结果显示薪酬差距的回归系数为 -0.008，人力资本结构的回归系数为 0.014，前者在 1% 的水平上显著，而后者并不显著，这表明人力资本结构可能发挥着中介作用，但仍需要采用 Boostrap 方法进行进一步检验；相关置信区间不包含 0，表示间接效应显著，也就是说人力资本结构在非国有企业薪酬差距与人力资本效率之间的中介效应是显著的。因此，尽管薪酬差距对非国有企业人力资本效率有显著的负面影响，但薪酬差距能够通过人力资本结构的优化调整来削弱其作用效果，也就是说人力资本结构优化有利于降低薪酬差距对人力资本效率产生的负面影响，企业应该注重高学历员工的引进，加强员工的学习和技能提升，进而提高人力资本效率。

（3）两职分离的异质性。为进一步考察两职分离程度对薪酬差距与人力资本效率关系的影响，本书根据高新技术企业的两职分离程度不同进行分组检验。若董事长与总经理由同一人兼任，则将其赋值为 1，并认为其两职分离程度较低；若董事长与总经理由不同的人担任，则将其赋值为 0，并认为其两职分离程度较高。在此基础上，将样本企业划分为两职分离程度较高的组和两职分离程度较低的组，相关回归结果如表4.12所示。其中，Model（1）和 Model（2）是根据第三章构建的基本回归模型（3.2）得到的薪酬差距与人力资本效率的回归结果，Model（3）是根据前文构建的中介效应模型（3.3）得到的薪酬差距与人力资本结构的回归结果，Model（4）是根据前文构建的中介效应模型（3.4）得到的薪酬差距、人力资本结构与人力资本效率的回归结果。

表4.12　两职分离的异质性检验结果

变量	两职分离程度低	两职分离程度高		
	Model (1)	Model (2)	Model (3)	Model (4)
	HC	HC	Stru	HC
Gap	0.001(0.003)	-0.007^{***}(0.003)	0.009^{***}(0.001)	-0.007^{***}(0.003)

续表

变量	两职分离程度低		两职分离程度高	
	Model (1)	Model (2)	Model (3)	Model (4)
	HC	HC	Stru	HC
Stru				0.038(0.052)
Size	−0.016***(0.003)	−0.013***(0.003)	0.004***(0.001)	−0.014***(0.003)
Debt	−0.056***(0.012)	−0.043***(0.010)	0.006(0.005)	−0.043***(0.010)
Capital	−0.011(0.013)	−0.019*(0.011)	−0.007(0.006)	−0.018*(0.011)
Equity	−0.000(0.000)	0.000**(0.000)	−0.000(0.001)	0.000**(0.000)
Comm	−0.001(0.001)	−0.000(0.001)	−0.001(0.001)	−0.001(0.001)
Board	−0.001(0.002)	−0.001(0.001)	−0.000(0.001)	−0.001(0.001)
Indep	0.001(0.006)	0.001(0.004)	0.001(0.002)	0.001(0.004)
Cons	1.338***(0.066)	1.348***(0.051)	−0.152***(0.028)	1.354***(0.052)
N	684	1494	1494	1494
R^2	0.421	0.378	0.015	0.373

注：表中的系数为 Stata 软件运行后的回归结果；括号内为稳健标准误；$*p<0.1$，$**p<0.05$，$***p<0.01$。

由此可知，在两权分离程度较低的组，也就是董事长与总经理由同一人兼任的高新技术企业，回归结果如 Model（1）所示，薪酬差距与人力资本效率之间的回归系数为 0.001，并未通过显著性水平检验。在两权分离程度较高的组，回归结果如 Model（2）~Model（4）所示，薪酬差距与人力资本效率之间的回归系数为 −0.007，在 1% 的水平上显著。因此，企业自身特征差异中的两职分离维度会导致薪酬差距对人力资本效率的影响存在异质性。研究结果表明薪酬差距对两权分离程度较低的高新技术企业人力资本效率具有正向影响，但并不显著，而对两权分离程度较高的高新技术企业人力资本效率具有负面影响，这与前文提出的假设 H3c 并不完全相符。假设 H3c 认为两职分离程度不同导致高新技术企业薪酬差距对人力资本效率的影响存在差异，但前文指出在两职分离程度较高的企业中，薪酬差距对人力资本效率的影响更为显著，而此处得到的研究结果显示，在两职分离程度较低的企业中，薪酬差距对人力资本效率的抑制作用更为显著。相关研究内容回答了第 1 章提出的第三个研究目标中的企业自身特征差异——两职分离程度差异所导致的高新技术企业薪酬差距对人力资本效率影响的异质性。

本书进一步对可能产生的原因进行分析。一方面，在董事长兼任总经理的组织结构中，高新技术企业有统一的领导，管理层的权力较为集中，避免了管理层内部其他员工之间的权力争夺，这在一定程度上提高了企业的决策效率（Galbraith，2002），通过资源的有效配置实现员工效用最大化，带来更高的人力资本效率。然而，在两职分离程度高的企业中，总经理及其他员工的行为受到董事会的严密监督和控制，为了避免决策或行为失误而受到惩罚，他们在日常工作中可能存在"搭便车"行为，消极怠工，甚至存在投机行为和动机，认为即便我不做、总有别人做，而且在企业集中行动中，个人付出了多少努力、为企业作了多少贡献有时难以考证，这给总经理及其他员工的"搭便车"行为提供了机会，他们在工作中不追求对企业带来额外的贡献，而是避免出现差错，导致人力资本效率下降。另一方面，中国经理人市场尚不完善，其外部搜寻成本比较高，比如为获取信息所花费的时间成本、专业人员参与而产生的人力成本、搜寻信息可能花费的财务资源和物质成本等（如购买存储设备的成本、支付订阅费用的成本、购买专业服务的成本），而且由于信息不对称问题，经理人对高新技术企业的了解程度相对较低，在实践中董事长兼任总经理降低了外部经理人的搜寻成本和代理成本（程小可 等，2015）。同时，他们对自身就职的企业经营发展状况和员工工作情况有深入的了解，这就有利于他们制定更加完善的员工激励计划和政策体系，进而对人力资本效率带来促进作用。综上所述，薪酬差距对两职分离程度较高的企业人力资本效率的负面影响更为显著，而对前者并不显著。

在此基础上，本书进一步对人力资本结构的中介效应进行检验。由于在两职分离程度较低的高新技术企业中，薪酬差距与人力资本效率的回归系数并未通过显著性水平检验，由于主效应不显著，故无须考察中介作用。在两职分离程度较高的高新技术企业中，中介效应回归结果显示，薪酬差距与人力资本结构的相关回归系数为0.009，通过了1%的显著性水平检验，由于系数为正，表明薪酬差距对人力资本结构有显著的促进作用。将解释变量、中介变量和被解释变量纳入模型进行回归发现，薪酬差距与人力资本效率的回归系数为-0.007，在1%的水平上显著，人力资本结构与人力资本效率的回归系数为0.038，未通过显著性水平检验，故仍需采用Boostrap方法进行进一步检验，结果显示其置信区间不包含0，这就意味着人力资本结构在薪酬差距与人力资本效率之间发挥着显著中介作用。因此，在两职分离程度较高的企业中，薪酬差距能够通过人力资本结构的优化来降低其对人力资本效率的负面影响，也就是说人力资本结构会影响薪酬差距与人力资本效率之间的关系。两职分离程度较高的企业为进一步提高人力资本效率，应该注重人力资本结构发挥的作用。

（4）行业属性的异质性。根据第1章的论述，高新技术企业所属的行业不同会导致其面临的经营环境、市场竞争程度、政府监管、资源禀赋等有所差异，且不同行业企业的薪酬差距也不一样，进而导致薪酬差距对人力资本效率的影响可能存在异质性。因此，本书借鉴曹越和孙丽（2021）的做法，将以下行业界定为垄断行业：采矿业，烟草制品业，石油加工、炼焦及核燃料加工业，化学原料及化学制品制造业，医药制造业，化学纤维，橡胶制品业，黑色金属冶炼及压延加工业，有色金属冶炼，通用设备制造业，专用设备制造业，交通运输设备制造业，通信设备、计算机及其他电子设备制造业，电力、燃气及水的生产和供应业。其他行业则为非垄断行业。因此，样本企业可以划分为垄断性高新技术企业和非垄断性高新技术企业。

在此基础上，本书进行重新回归，相关回归结果如表4.13所示。其中，Model（1）~Model（3）为垄断行业高新技术企业薪酬差距、人力资本结构与人力资本效率相关的回归结果，Model（4）~Model（6）为非垄断行业高新技术企业的回归结果。Model（1）和Model（4）是根据第3章构建的基本回归模型（3.2）得到的薪酬差距与人力资本效率的回归结果，Model（2）和Model（5）

是根据前文构建的中介效应模型（3.3）得到的薪酬差距与人力资本结构的回归结果，Model（3）和Model（6）是根据前文构建的中介效应模型（3.4）得到的薪酬差距、人力资本结构与人力资本效率的回归结果。

表4.13 行业属性的异质性检验结果

变量	垄断行业			非垄断行业		
	Model (1)	Model (2)	Model (3)	Model (4)	Model (5)	Model (6)
	HC	Stru	HC	HC	Stru	HC
Gap	−0.007**	0.005***	−0.007**	−0.006*	0.007***	−0.006*
	(0.003)	(0.002)	(0.003)	(0.003)	(0.002)	(0.003)
Stru			0.073			0.037
			(0.104)			(0.056)
Size	−0.010***	0.007***	−0.011***	−0.015***	0.004***	−0.015***
	(0.003)	(0.001)	(0.003)	(0.003)	(0.002)	(0.003)
Debt	−0.066***	0.000	−0.066***	−0.043***	−0.020***	−0.042***
	(0.026)	(0.006)	(0.010)	(0.011)	(0.006)	(0.011)
Capital	0.001	−0.009	0.002	−0.018	−0.003	−0.018
	(0.023)	(0.006)	(0.001)	(0.011)	(0.007)	(0.011)
Equity	0.000	−0.000***	0.000	0.001**	−0.000**	0.001**
	(0.000)	(0.001)	(0.000)	(0.000)	(0.001)	(0.000)
Comm	0.001	−0.002	0.001	−0.001	0.001	−0.001
	(0.002)	(0.001)	(0.001)	(0.001)	(0.001)	(0.001)
Board	−0.002	−0.000	−0.002	−0.000	−0.001	−0.000
	(0.003)	(0.001)	(0.001)	(0.002)	(0.001)	(0.002)
Indep	0.000	0.001	0.000	−0.001	−0.002	−0.001
	(0.007)	(0.003)	(0.005)	(0.001)	(0.003)	(0.005)
Cons	1.294***	−0.193***	1.308***	1.364***	−0.123***	1.369***
	(0.106)	(0.028)	(0.109)	(0.058)	(0.033)	(0.058)
N	1062	1062	1062	1116	1116	1116
R^2	0.457	0.003	0.441	0.356	0.029	0.351

注：表中的系数为Stata软件运行后的回归结果；括号内为稳健标准误；*p<0.1，**p<0.05，***p<0.01。

由此可知，在垄断性高新技术企业中，薪酬差距与人力资本效率之间的回归系数为−0.007，在5%的水平上显著，而这一系数在非垄断性高新技术企业中是−0.006，在10%的水平上显著，这表明无论是垄断行业还是非垄断行业，薪酬差距对人力资本效率都具有显著的负面影响，但在垄断行业更为显著，因为垄断行业通过了更高水平的显著性检验。因此，企业自身特征差异中的行业属性维度会导致薪酬差距对人力资本效率的影响存在异质性，前文提出的假设H3d得以验证，回答了第1章提出的第三个研究目标中的企业自身特征差异——行业属性差异所导致的高新技术企业薪酬差距对人力资本效率影响的异质性。原因可能如下：一方面，垄断行业通常具有较高的超额利润，企业有良好的资金基础来发放高额薪酬，以此吸引更多的高素质、高技能人员。其在薪酬方面的绝对优势导致企业内部的薪酬差距较大，员工高收入、高福利问题突出，进而对人力资本效率带来严重的负面影响。另一方面，在垄断企业内部，高管与普通员工的收入差距在不断加剧，但不同岗位的员工对企业绩效的贡献如何难以有效判断，这就会引发企业内部资源使用效率的下降和人力资源错位配置问题。即便员工不努力工作，垄断行业也能够凭借其垄断地位获得超额利润，最终导致员工的消极怠工行为和人力资本效率下滑。

从人力资本结构的中介作用来看，在垄断行业和非垄断行业，薪酬差距与人力资本结构的回归系数分别为0.005和0.007，二者均通过了1%的显著性水平检验，这表明薪酬差距对人力资本结构有显著的促进作用。无论是垄断行业，还是非垄断行业，薪酬差距的扩大都可以吸引更多高学历的员工来高新技术企业工作，实现人力资本结构的优化调整，这将有利于发挥高学历员工的比较优势，如丰富的知识储备、高超的技能水平、先进的管理经验、前瞻性的战略眼光等等，这对人力资本效率提升具有重要作用。

将薪酬差距、人力资本结构与人力资本效率纳入模型进行同时回归，结果显示垄断行业薪酬差距与人力资本效率回归系数为−0.007，在5%的水平上显著，人力资本结构与人力资本效率的回归系数为0.073，并未通过显著性水平检验。在此基础上，本书进一步采用Boostrap方法进行检验发现，相关置信区间不包含0，这表明人力资本结构在垄断行业薪酬差距与人力资本效率之间发挥的中介作用是显著的。同时，非垄断行业薪酬差距与人力资本效率回归系数为−0.006，在10%的水平上显著，人力资本结构与人力资本效率的回归系数为0.037，并未通过显著性水平检验。Boostrap方法得到的置信区间不包含0，这表明人力资本结构在非垄断行业薪酬差距与人力资本效率之间发挥的中介作用也是显著的。从系数变化来看，人力资本结构的中介作用在非垄断行业更为明显，原因可能是非垄断行业能够进行充分竞争，企业为获得市场竞争优势更加关注人力资本结构的优化调整，通过发挥高学历员工的主观能动性和创新性实现人力资本效用最大化。因此，非垄断行业人力资本结构能够有效降低薪酬差距对人力资本效率的负面影响。

2.地区属性的异质性

尽管浙江、上海、江苏和安徽都属于长三角地区，但它们自身的经济发展水平及对外开放程度等存在一定的差异，且自身区位特征、资源禀赋及基础设施建设等也有所不同，这就导致薪酬差距对人力资本效率的影响效果可能存在异质性。因此，本书根据高新技术企业所在的地区不同，进行分组检验，回答前文提出的第四个研究目标，也就是检验所处地区不同所导致的高新技术企业薪酬差距对人力资本效率影响的异质性，相关回归结果如表4.14所示。其中，Model（1）～Model（3）为上海地区高新技术企业薪酬差距、人力资本结构与人力资本效率相关的回归结果，Model（4）～Model（6）为江苏地区相关的回归结果，Model（7）～Model（9）为浙江地区相关的回归结果，Model（10）为安徽地区相关的回归结果。Model（1）、Model（4）、Model（7）和Model（10）是根据第3章构建的基本回归模型（3.2）得到的薪酬差距与人力资本效率的回归结果，Model（2）、Model（5）和Model（8）是根据前文构建的中介效应模型（3.3）得到的薪酬差距与人力资本结构的回归结果，Model（3）、

Model（6）和Model（9）是根据前文构建的中介效应模型（3.4）得到的薪酬差距、人力资本结构与人力资本效率的回归结果。

表4.14　地区属性的异质性检验结果

变量	上海			江苏			浙江			安徽
	Model (1)~Model (3)			Model (4)~Model (6)			Model (7)~Model (9)			Model (10)
	HC	Stru	HC	HC	Stru	HC	HC	Stru	HC	HC
Gap	0.013*	0.012***	0.014*	−0.008**	0.004*	−0.007**	−0.009***	0.006***	−0.010***	−0.007
	(0.007)	(0.003)	(0.007)	(0.003)	(0.002)	(0.003)	(0.003)	(0.001)	(0.003)	(0.006)
Stru			−0.031			−0.068			0.112	
			(0.107)			(0.067)			(0.086)	
Size	−0.001	0.005*	−0.002	−0.016***	0.004**	−0.016***	−0.011***	0.007	−0.012***	−0.019***
	(0.006)	(0.003)	(0.006)	(0.003)	(0.002)	(0.004)	(0.003)	(0.001)	(0.003)	(0.007)
Debt	−0.197***	0.003	−0.197***	−0.006	−0.013**	−0.007***	−0.057*	−0.020	−0.055***	−0.052*
	(0.027)	(0.013)	(0.027)	(0.011)	(0.006)	(0.011)	(0.010)	(0.005)	(0.010)	(0.029)
Capital	−0.035	−0.043***	−0.036	−0.012	0.004	−0.012	0.020	0.018***	0.018	−0.026
	(0.028)	(0.013)	(0.028)	(0.013)	(0.007)	(0.013)	(0.012)	(0.005)	(0.012)	(0.025)
Equity	0.001**	−0.000**	0.001**	−0.001	0.000	−0.001	0.001	−0.001**	0.001**	0.001
	(0.000)	(0.000)	(0.000)	(0.000)	(0.000)	(0.000)	(0.000)	(0.000)	(0.000)	(0.001)
Comm	0.001	−0.004***	0.001	0.000	0.001*	0.000	0.000	0.001***	0.000***	0.002
	(0.002)	(0.001)	(0.003)	(0.001)	(0.001)	(0.001)	(0.001)	(0.001)	(0.002)	(0.003)
Board	0.000	−0.000	0.000	−0.001	0.001	−0.000	−0.000***	−0.002	0.000	−0.008***
	(0.003)	(0.002)	(0.003)	(0.002)	(0.001)	(0.002)	(0.002)	(0.001)	(0.002)	(0.002)
Indep	0.013**	−0.006	0.012	−0.011**	0.003	−0.011**	−0.001	0.003	−0.002	0.024***
	(0.010)	(0.005)	(0.010)	(0.005)	(0.003)	(0.005)	(0.006)	(0.003)	(0.006)	(0.008)
Cons	0.796***	−0.141**	0.792***	1.446***	−0.114***	1.438***	1.302***	−0.202**	1.325***	1.450***
	(0.132)	(0.062)	(0.133)	(0.060)	(0.034)	(0.061)	(0.058)	(0.027)	(0.061)	(0.125)
N	459	459	459	792	792	792	720	720	720	207
R^2	0.049	0.127	0.048	0.447	0.064	0.424	0.433	0.033	0.401	0.501

注：表中的系数为Stata软件运行后的回归结果；括号内为稳健标准误；*p<0.1，**p<0.05，***p<0.01。

由此可知，上海地区高新技术企业薪酬差距与人力资本效率的回归系数为0.013，在10%的水平上显著，这表明上海地区薪酬差距对人力资本效率有显著的促进作用，薪酬差距的扩大能够提高人力资本效率，这与前文得到的研究结论不同，原因可能是上海地区的经济较为发达，对外开放程度较高，相关基础设施建设、政府部门配套政策等较为完善，这对人力资本效率提升具有正向影响。同时，上海作为中国高等教育水平最发达的城市之一，拥有很多高水平大学和科研机构，随着薪酬差距的扩大，能够吸引众多拥有高素质、高技能的科技型员工和创新型员工来上海高新技术企业工作，薪酬差距能够对这些员工产生显著的激励效应。根据中国人才吸引力排行榜，2021年上海人才吸引力指数为90.4，排名全国第二位，仅次于北京，薪酬差距能够对这些高素质员工的人力资本效率提升带来显著促进作用。

通过进一步分析人力资本结构的中介作用发现，薪酬差距与人力资本结构的回归系数为0.012，在1%的水平上显著，表明上海地区的薪酬差距设计能够进一步优化企业人力资本结构，吸引越来越多的高学历员工，其对劳动力市场员工的吸引力远高于江苏、浙江和安徽地区。同时，薪酬差距与人力资本效率的回归系数为0.014，也在10%的水平上显著，相较于Model（1）来说系数有所提升，且Boostrap检验结果显示相关置信区间不包含0，这就表明人力资本结构在薪酬差距与人力资本效率之间的中介效应是显著的，这进一步增强了薪酬差距对人力资本效率的促进作用。原因可能是上海地区薪酬差距对人力资本效率提升发挥着正向影响，而薪酬差距对人力资本结构的优化进一步提高了企业内部高素质、高学历员工的占比，这类员工创造的价值远高于低层次普通员工，最终提高了企业整体人力资本效率。这一研究结果也说明薪酬差距对人力资本效率的影响是存在区域异质性的，在上海地区高新技术企业中主要表现为激励效应，也就是说锦标赛理论占据着主导地位。

江苏和浙江地区高新技术企业薪酬差距与人力资本效率的回归系数分别为−0.008和−0.009，前者在5%的水平上显著，后者在1%的水平上显著，表明江苏和浙江地区高新技术企业薪酬差距对人力资本效率有显著的抑制作用，也就是行为理论占据着主导地位，这和前文的研究结论是一致的。人力资本结构的中介作用显示，薪酬差距与人力资本结构的回归系数分别为0.004和0.006，前者在10%的水平上显著，后者在1%的水平上显著，表明薪酬差距的扩大能够不断优化企业人力资本结构，通过吸引越来越多的高学历员工来提高其占比，进而有效发挥人力资本价值。在中介效应模型中，薪酬差距对人力资本效率的负面影响并未得到扭转，人力资本结构的系数也并不显著，故进一步采用Boostrap方法进行检验，相关置信区间均不包含0，因此，人力资本结构的中介作用是显著的。这一研究结果表明江苏和浙江地区在薪酬差距扩大的同时，应重点关注人力资本结构的优化调整，将更多的资金、资源放在吸引高学历员工方面，进而发挥对人力资本效率的促进作用。

此外，安徽地区高新技术企业薪酬差距与人力资本效率的回归系数为−0.007，但并未通过显著性水平检验，故无须对人力资本结构的中介作用进行实证研究。原因可能是相较于上海、浙江和江苏地区，安徽经济发展和对人才的吸引力较弱，企业内部薪酬差距也远低于上述地区，无法发挥薪酬差距对人力资本效率的促进或抑制作用，其作用效果并不显著。因此，前文提出的假设H4得以验证，回答了第1章提出的第四个研究目标，即因检验所处地区不同所导致的高新技术企业薪酬差距对人力资本效率影响的异质性。

4.4.4 假设检验综述

本章采用固定效应、中介效应和分组检验等方法对模型中提出的假设关系进行检验。尤其是本书有4个假设，其中包括一个直接效应、一个中介效应、2个异质性。

在测试直接效应之前，首先对样本数据进行初步分析，包括检测错误值、识别缺失数据、识别异常值、多重共线性检测。然后进行假设检验，验证薪酬差距对人力资本效率的直接影响。随后采用中介效应模型，验证人力资本结构在薪酬差距与人力资本效率之间发挥的中介作用。最后，本书进行了异质性分析。除了假设H3c与预期不完全相符之外，其他假设都得到了验证。

相关研究结果揭示了长三角地区高新技术企业薪酬差距、人力资本结构与人力资本效率之间的关系，并在企业规模、产权性质、两职分离程度、行业属性和地区属性等方面得到了非常详细的研究结论，也就是在考虑企业微观和区域宏观环境的异质性时，薪酬差距对人力资本效率的影响效果以及人力资本结构的中介作用会有所不同。

总的来说，本书提出的4个假设的关系中有部分得到了支持。假设检验结果汇总如表4.15所示。

表4.15　假设检验结果

假设		假设陈述	结论
H1	H1a	长三角地区高新技术企业薪酬差距对人力资本效率提升具有显著促进作用	不支持
	H1b	长三角地区高新技术企业薪酬差距对人力资本效率提升具有显著的抑制作用	支持
H2		人力资本结构在高新技术企业薪酬差距与人力资本效率之间发挥着显著中介效应	支持
H3	H3a	企业规模不同导致高新技术企业薪酬差距对人力资本效率的影响存在差异	支持
	H3b	产权性质不同导致高新技术企业薪酬差距对人力资本效率的影响存在差异	支持
	H3c	两职分离程度不同导致高新技术企业薪酬差距对人力资本效率的影响存在差异	不完全支持
	H3d	所属行业不同导致高新技术企业薪酬差距对人力资本效率的影响存在差异	支持
H4		所属地区不同导致高新技术企业薪酬差距对人力资本效率的影响存在差异	支持

4.5 实证结果

本章报告了使用第3章中描述的技术执行的数据分析的结果。本章包括三个主要部分，即初步分析、描述性统计和假设检验。初步分析是使用Stata软件进行检测错误值、识别缺失数据、识别异常值、多重共线性检测。描述性统计是对核心变量的最大值、最小值、均值、标准差等进行描述，并重点介绍了2013—2021年高新技术企业人力资本效率的DEA模型测度结果和对比分析结果。假设检验是为验证前文提出的一系列研究假设，采用固定效应模型、中介效应模型和分组回归方法进行实证研究。该部分揭示了薪酬差距、人力资本结构与人力资本效率之间的关系，发现薪酬差距对人力资本效率有显著的负面影响，这表明在长三角地区高新技术企业中，行为理论占据着主导地位。同时，人力资本结构发挥着显著的中介作用，薪酬差距通过人力资本结构的优化调整能够显著降低其对人力资本效率的负面影响。异质性检验结果表明，在企业微观和区域宏观环境的异质性情境下，薪酬差距与人力资本效率关系有所不同。具体而言如下。

一是企业微观层面，也就是企业自身特征差异会导致薪酬差距对人力资本效率的影响存在异质性。

（1）从企业规模来看，薪酬差距对大规模企业人力资本效率的影响更为显著，对小规模企业人力资本效率的影响相对较弱。从人力资本结构的中介作用来看，无论是大规模企业，还是小规模企业，薪酬差距对企业人力资本结构都具有显著的促进作用，其在薪酬差距与人力资本结构之间均发挥着显著中介作用，但薪酬差距通过人力资本结构来影响人力资本效率这一作用机制在小规模企业中更为显著。

（2）从产权性质来看，在国有企业，薪酬差距对人力资本效率的影响并不显著，这主要得益于国有企业限薪令、薪酬体系改革取得了明显成效。非国有企业薪酬差距对人力资本效率有显著的抑制作用，这表明薪酬差距与人力资本效率之间的关系在非国有企业中更加显著。进一步分析人力资本结构的中介作用发现，薪酬差距对非国有企业人力资本结构的优化调整有促进作用，且薪酬差距能够通过人力资本结构来影响人力资本效率，显著降低薪酬差距的负面影响。

（3）从两职分离程度来看，在两权分离程度较低的高新技术企业，薪酬差距对人力资本效率有正向影响，但并不显著。在两权分离程度较高的高新技术企业，薪酬差距对人力资本效率有显著的负面影响，这表明薪酬差距与人力资本效率的关系在两职分离程度高的企业中更加显著。人力资本结构的中介效应检验结果表明，薪酬差距能够通过优化人力资本结构来降低其对人力资本效率的负面影响。

（4）从行业属性来看，无论是垄断行业还是非垄断行业，薪酬差距对人力资本效率都具有显著的负面影响，但在垄断行业更为显著。人力资本结构的中介作用结果显示，在垄断行业和非垄断行业，薪酬差距均有利于人力资本结构的优化调整，薪酬差距的持续扩大能够吸引更多高学历的员工来高新技术企业工作，进而降低薪酬差距对人力资本效率的负面影响。然而，人力资本结构的中介作用在非垄断行业更为明显。

二是区域宏观环境层面，也就是地区属性差异会导致薪酬差距对人力资本效率的影响存在异质性。

上海地区高新技术企业薪酬差距对人力资本效率提升有显著的促进作用，表明该地区锦标赛理论占据着主导地位，能够对员工产生激励效果。人力资本结构在薪酬差距与人力资本效率之间发挥着显著中介作用，进一步增强了薪酬差距对人力资本效率的正向影响。然而，江苏和浙江地区高新技术企业薪酬差距对人力资本效率有显著的抑制作用，也就是行为理论占据着主导地位。薪酬差距的扩大能够不断优化人力资本结构，在一定程度上降低了薪酬差距对人力资本效率的负面影响，但并没有扭转这一影响。安徽地区高新技术企业薪酬差距对人力资本效率的影响并不显著。

第 5 章　讨论和启示

5.1　引言

本章的重点在于揭示前文理论和实证研究得到的相关结论。这些结论有助于回答前面提出的研究问题，并对其进行讨论。5.2 节揭示关于长三角地区高新技术企业薪酬差距、人力资本结构对人力资本效率影响的具体研究结论。5.3 节阐述本书的研究启示，包括理论启示和实践启示，以期为长三角地区高新技术企业人力资本效率提升提供一定的参考和借鉴。进一步地，5.4 节列示了本研究中可能存在的不足之处，以及未来的研究方向。5.5 节总结研究结论。

5.2　研究结果综述

随着市场竞争环境的日益激烈，加上数字化、人工智能等新一代信息技术的发展，人力资本是企业可持续发展的重要资源。然而，在实践中由于人力资本的可流动性，且区域资源禀赋存在较大差异，人力资本流失问题十分普遍，尤其是高新技术企业人力资本效率提升成为社会各界广泛关注的重要现实议题。如何吸引并留住人才，不断提高人力资本效率是亟待解决的问题。薪酬作为影响人力资本流动的关键因素，薪酬差距可能会影响人力资本工作的积极性，进而影响到人力资本效率。

本书选取长三角地区高新技术企业的人力资本效率问题进行研究，考察薪酬差距对人力资本效率的影响，并揭示人力资本结构发挥的中介作用，在此基础上进一步探究企业自身特征和地区属性所产生的异质性。具体而言，本书逐一解决了以下研究问题：第一，高新技术企业薪酬差距对人力资本效率的影响如何？第二，人力资本结构在高新技术企业薪酬差距与人力资本效率之间是否发挥着重要的中介作用？第三，高新技术企业薪酬差距与人力资本效率的关系是否因企业自身特征差异而产生异质性？包括高新技术企业的规模、产权性质、两职分离程度、行业属性4个维度。第四，高新技术企业薪酬差距与人力资本效率的关系是否因所属地区不同而产生异质性？

为了回答上述问题，本书基于激励理论、人力资本理论、锦标赛理论、行为理论，构建了高新技术企业薪酬差距、人力资本结构与人力资本效率之间的理论分析框架，并提出相应的研究假设。然后，基于2013—2021年的面板数据，采用DEA模型对我国长三角地区高新技术企业人力资本效率进行综合评估，采用固定效应模型对薪酬差距与人力资本效率之间的关系进行检验，采用中介效应模型揭示人力资本结构在薪酬差距与人力资本效率之间发挥的中介效应，采用分组回归法进行进一步检验，详细揭示企业规模、产权性质、两职分离、行业属性及地区属性的异质性。本书得到的详细研究结论如下。

第一，关于高新技术企业薪酬差距与人力资本效率。

长三角地区高新技术企业薪酬差距对人力资本效率有显著的抑制作用。通过固定效应模型的回归结果发现，薪酬差距与人力资本效率之间的回归系数是负的，且在1%的水平上显著，这表明二者具有显著的负相关关系。也就是说，随着长三角地区高新技术企业薪酬差距的持续扩大，其人力资本效率在不断下滑，这与当前我国的实际状况是一致的，也支持了行为理论的相关研究内容。

从员工心理的角度来看，较高的薪酬差距容易诱发员工的不公平感。针对薪酬比较低的人力资本而言，他们认为自己的付出没有得到应有的回报，进而在工作中产生消极的情绪，工作的积极性就会大打折扣。这不仅不利于自身工作效率的提升，还会影响整个团队的合作。在高新技术企业中，薪酬差距的持续扩大还会导致人力资本对企业的认同感降低，尤其是低层次员工的薪酬业绩敏感性较强，他们可能会质疑企业高管的价值观和薪酬分配体系的公正性。他们认为自身的付出并没有受到管理层的重视，也就是说他们认为企业并不重视他们创造的价值和贡献，那么在未来的工作中就会缺乏主动进取的动力，也缺乏对企业的认同感和归属感，最终导致人力资本效率下降。

从员工行为的角度来看，根据行为理论，过高的薪酬差距会影响人力资本之间的合作，原因在于薪酬比较低的员工有心理落差。在团队合作中，他们认为高薪酬人员享有的薪酬高，那么自然就应该付出更多的努力，进而不愿意配合团队的工作，比如员工之间缺乏有效的沟通、故意拖延领导分配的任务、配合不默契等。而薪酬较高的员工也可能会因为薪酬差距产生一定的优越感，忽略与其他人员的合作，导致团队任务难以顺利完成，这将最终导致企业人力资本效率的下滑。除此之外，薪酬差距不一定能够反映人力资本的努力程度，原因在于薪酬的设置很多时候是根据岗位来制定的，在哪个岗位就获得多少的薪酬，那么薪酬水平较低的员工就会认为无论自己怎么努力，也难以获得与高薪酬员工相当的回报，这在一定程度上会降低他们的努力程度，而高薪酬员工可能因为已经获得较高的薪酬，缺乏进一步提升工作效率的动力，同样可能出现懈怠。这种努力程度的不均衡会使整个高新技术企业的人力资本效率有所下降。

从人力资本管理的角度来看，薪酬差距在一定程度上被认为是企业资源分配不合理的表现，尤其是薪酬水平较低的员工认为企业在薪酬分配方面是缺乏公平性的，进而对高管的管理能力及各项决策产生怀疑，不积极响应上级领导的号召和安排，影响执行效率。对于高新技术企业内部薪酬较低的优秀人力资本而言，由于长期处于较低的薪酬水平，一旦其他高新技术企业有更高的薪酬，他们就会考虑跳槽谋求更好的发展机会。这就会导致企业的人才流失，不仅会增加企业的招聘成本和培训成本，也会导致高新技术企业的人力资本实力受损，导致人力资本效率下降。

第二，关于高新技术企业薪酬差距、人力资本结构与人力资本效率。

在高新技术企业薪酬差距与人力资本效率之间的关系中，人力资本结构发挥着显著的中介作用，也就是说薪酬差距对人力资本效率的负面影响能够通过人力资本结构的优化调整予以改善，这为高新技术企业人力资本效率提升提供了新的思路。通过本书构建的中介效应模型、Boostrap检验法等实证研究发现，长三角地区高新技术企业薪酬差距与人力资本结构的回归系数在1%的水平上显著为正，也就是说薪酬差距的持续扩大可以进一步实现人力资本结构的优化。这些人力资本不仅能够为企业的生产和服务提供基础服务，而且通常来说他们具有更专业化的理论和知识体系、更高的技术水平和管理能力，在各项业务的执行和管理方面能够发挥重要的作用。同时，人力资本结构在薪酬差距与人力资本效率之间发挥着显著的中介作用。当高新技术企业设置较高的薪酬差距时，能够对有能力、有经验、有技术的高素质人员产生较大的吸引力，通过企业内部人力资源的优化配置减少资源错配和浪费现象，充分利用人力资本为企业创造更大的价值，提高整体的工作效率。人力资本结构的优化调整还有利于实现企业创新能力的提升和技术的进步，提高企业团队合作水平。原因在于薪酬差距对人力资本结构的促进作用有助于构建更加协同和高效的团队，人力资本在技能、性格和工作经验上能够相互补充，促进知识、技术在企业内部的共享和传播，进而创造新的技术、产品及管理方法，并促进创新成果的推广和应用到实际的生产与管理中，更好地完成团队任务，提高人力资本效率。

此外，在薪酬差距的影响下，高新技术企业人力资本结构的优化还有利于提高员工的满意度和忠诚度。当高素质、高学历人员加入企业时，能够获得更高的薪酬水平，他们就会认为这是企业对自身能力和价值的认可，不仅能够获得物质奖励，还能够在适合自己的岗位上发挥自己的专长，进而更加积极、努力地投入工作，并结合市场环境的变化不断优化自身知识结构和技术手段。这种稳定的人力资本队伍能够减少企业的招聘和培训成本，进一步提高人力资本效率。

第三，关于企业自身规模特征差异导致的薪酬差距、人力资本结构与人力资本效率之间关系的异质性。

企业自身特征的异质性导致薪酬差距对人力资本效率的影响有所不同，具体表现为以下四个方面：一是企业规模异质性，薪酬差距对大规模和小规模企业人力资本效率都有负面影响，但前者更为显著；二是产权性质的异质性，薪酬差距对国有高新技术企业人力资本效率的影响并不显著，而对非国有高新技术企业人力资本效率具有显著的抑制作用；三是两职分离的异质性，薪酬差距对两权分离程度较低的高新技术企业人力资本效率无显著影响，而对两权分离程度较高的高新技术企业人力资本效率有显著的负面影响；四是行业属性的异质性，薪酬差距对垄断性和非垄断性高新技术企业人力资本效率均具有显著的抑制作用，且在垄断行业中更为显著。薪酬差距对人力资本结构的促进作用在一定程度上能够降低薪酬差距产生的负面影响，也就是说，人力资本结构的优化调整，能够有效缓解薪酬差距所产生的人力资本效率下降。

由此可见，本书得到的相关研究结论更为深入和细致，这为不同类型高新技术企业人力资本效率的提升提供了理论依据和数据支撑。具体有以下几方面。

①从企业规模异质性的角度来看，本书将长三角地区的高新技术企业划分为两类，分别是规模较大的高新技术企业和规模较小的高新技术企业。通过分组检验和实证研究发现，薪酬差距对大规模的高新技术企业人力资本效率有显著的负面影响，相关回归系数在1%的水平上显著，对小规模的高新技术企业人力资本效率也有显著的负面影响，相关回归系数在5%的水平上显著。这就是说，薪酬差距对人力资本效率的影响在规模大的企业中更为明显。

前文从不同规模企业的资金实力、风险承担能力、资源禀赋等方面进行了详细论述。随着薪酬差距的持续扩大，其对大规模高新技术企业和小规模高新技术企业人力资本结构都具有显著的促进作用，相关回归系数均在1%的水平上显著，这也就意味着企业设置较高的薪酬差距，能够吸引更多高素质、高学历的人力资本加入企业，使其更加努力地工作，进而作用于人力资本效率。人力资本结构在薪酬差距与人力资本效率之间发挥着显著的中介作用，人力资本结构的优化调整有效缓解了薪酬差距对人力资本效率的负面影响，这一作用机制在大规模高新技术企业和小规模高新技术企业中都有，且在后者更为显著。原因在于在小规模高新技术企业中，企业自身的资金实力和资源禀赋相对较弱，研发及创新能力也不如大规模企业，在吸纳高素质、高学历人力资本进入企业后，人力资本掌握的先进管理经验、知识水平和技术手段等，为团队合作和企业价值提升带来了更大的边际贡献，即便是该类人力资本的数量较少，但也能撬动更多的内外部资源，实现资源的整合和优化配置，进而促进人力资本效率的快速提升。

②从产权性质异质性的角度来看，本书将长三角地区的高新技术企业划分为两类，分别是国有高新技术企业和非国有高新技术企业。通过分组检验和实证研究发现，薪酬差距对国有高新技术企业人力资本效率之间的回归系数并不显著，而对非国有高新技术企业人力资本效率之间的回归系数在1%的水平上显著，这就意味着薪酬差距对非国有高新技术企业人力资本效率的负面影响更为显著。

在前文的论述中，已经从国有企业在薪酬差距方面面临的政策约束、高管经营业绩考核等方面进行了分析。政府部门对国有企业薪酬差距的限制和对高管薪酬的监管，使国有企业的薪酬收入分配体系日益规范和健全，且国有企业往往承担更多的社会责任，这在一定程度上降低了薪酬差距持续扩大对人力资本效率带来的负面影响。而非国有企业与政府部门之间的关联程度较小，受政策约束的影响力也低于国有企业，在薪酬体系设置上拥有更高的自主选择权。随着非国有企业薪酬差距的持续扩大，最终给人力资本效率提升带来抑制作用。然而，值得关注的是，非国有企业在薪酬差距扩大的同时，也吸引了更多高学历的人力资本加入企业，这在一定程度上缓解了企业人力资本不足的问题，并能够借助薪酬差距激励这些高学历的人力资本更加努力地工作，充分发挥其在信息、知识、技术、管理经验等方面的比较优势，促进人力资本效率的提升。

因此，人力资本结构在非国有企业薪酬差距与人力资本效率之间发挥显著的中介效应，也就是说薪酬差距能够优化人力资本结构，进而削弱其对人力资本效率的不利影响。

③从两职分离异质性的角度来看，本书将长三角地区的高新技术企业划分为两类，分别是两职分离程度较低的高新技术企业和两职分离程度较高的高新技术企业。通过分组检验和实证研究发现，薪酬差距对两权分离程度较低的高新技术企业人力资本效率并无显著的负面影响，而对两权分离程度较高的高新技术企业则产生了显著的负面影响，相关回归系数在1%的水平上显著。这也就意味着两职分离程度不同，薪酬差距对人力资本效率的影响效果也有所不同。

在前文的研究中，已经从企业内部权力争夺、资源配置、员工"搭便车"行为、决策效率等方面进行了详细论述，并基于信息不对称理论进一步讨论了两权分离程度不同所产生的外部搜寻成本和代理成本差异，进而导致薪酬差距对人力资本效率的影响存在异质性。在两职分离程度较高的高新技术企业中，薪酬差距有利于优化企业自身的人力资本结构。这类企业通常具有较为规范的治理结构和决策机制。在这样的企业中，明确的职责分工和权力制衡有助于提高企业的运营效率和决策质量。对于高端人才来说，他们更倾向于加入治理结构完善、发展前景稳定的企业，进而降低薪酬差距对人力资本效率的负面影响。同时，在两职分离的企业中，不同岗位的职责和价值贡献不同，合理的薪酬差距可以反映这种差异。当员工认识到不同岗位的薪酬水平存在差距时，他们会根据自己的兴趣、能力和职业发展规划，选择更加适合自己的岗位，从而促进岗位专业化分工的形成。岗位专业化分工有助于提高员工的工作效率和质量，进而影响薪酬差距与人力资本效率的关系。

因此，人力资本结构在薪酬差距与人力资本效率之间发挥着显著的中介作用。

④从行业属性异质性的角度来看，本书将长三角地区的高新技术企业划分为两类，分别是垄断性高新技术企业和非垄断性高新技术企业。通过分组检验和实证研究发现，无论是垄断性高新技术企业，还是非垄断性高新技术企业，薪酬差距对企业人力资本效率均具有显著的负面影响，相关回归系数分别在5%和10%的水平上显著，这也就意味着薪酬差距对垄断性高新技术企业人力资本效率的影响更为显著。

在前文的研究中，已经从行业属性不同所面临的经营环境、市场竞争程度、政府监管、资源禀赋等差异方面进行分析。一方面，垄断性行业更容易获得超额利润，其资金实力更强，在薪酬体系设计方面具有绝对优势，员工收入更高、福利更好，但不同岗位人力资本之间的薪酬差距也更大，低薪酬员工感到晋升无望，从而失去努力提升自己的动力。这将阻碍企业内部的人才流动和培养，不利于人力资本的优化配置，最终对人力资本效率产生负面影响。另一方面，相较于非垄断性的行业，垄断性行业往往缺乏市场竞争压力，企业的创新动力相对不足。如果薪酬差距过大，可能会进一步削弱企业的创新动力，降低员工的工作积极性。高薪酬员工可能会满足于现状，缺乏创新的紧迫感，低薪酬员工则可能因为缺乏激励而不愿意参与创新活动，甚至可能引发不同类型人力资本之间的矛盾和冲突，导致人力资本效率下降。

然而，在上述两类行业企业中，薪酬差距都能对人力资本结构产生促进作用，也就是薪酬差距的扩大吸引更多高素质、高学历的人员加入企业，为企业带来更先进的知识、技术及管理经验，帮助企业实现人才的优化配置和人力资本结构的调整，进而缓解人力资本效率的下滑。通过中介效应模型和Boostrap方法进行检验，发现人力资本结构在薪酬差距与人力资本效率之间发挥着显著的中介效应，该中介效应在非垄断性高新技术企业中更为显著。本书从市场是否充分竞争的角度进行了深入剖析。

第四，关于地区属性差异导致的薪酬差距、人力资本结构与人力资本效率之间关系的异质性。

高新技术企业所属的地区不同，也会导致薪酬差距对人力资本效率的影响存在异质性，具体表现为上海地区高新技术企业薪酬差距与人力资本效率之间的回归系数为正，在10%的水平上显著，也就是说二者之间存在显著的正相关关系，人力资本结构的优化调整进一步增强了薪酬差距对人力资本效率的促进作用。江苏和浙江地区高新技术企业薪酬差距与人力资本效率之间的回归系数为负，分别在5%和1%的水平上显著，也就是说二者之间存在显著的负相关关系，人力资本结构的优化调整并未降低薪酬差距对人力资本效率的负面影响。安徽地区高新技术企业薪酬差距与人力资本效率之间的关系并不显著。

因此，接下来详细地对上海、江苏和浙江地区的相关结论进行进一步论述，具体如下所示。

在上海地区，锦标赛理论占据着主导地位，薪酬差距的扩大有利于促进人力资本效率提升。

一方面，上海是国际化的大都市，致力于打造具有全球影响力的科技创新中心和国际金融中心等，该地区的基础设施建设较为齐全，具有强大的经济实力，薪酬差距能够吸引国内外的高端人才流入。这些高端人才通常具备先进的知识、技能、经验、管理水平以及创新能力，他们的加入可以带来更高的附加值和更强的创造性，进而增强企业的核心竞争力，促进人力资本效率的提高。

另一方面，近年来上海地区高端人力资本的聚集也有利于推动高新技术企业的技术创新和管理创新，进而提升人力资本效率。例如，在张江高科技园区，众多高新技术企业为吸引创新型人力资本提供了高额薪酬，尽管企业内部的薪酬差距不断扩大，但从实践的角度来看对人力资本效率具有显著的促进作用，切实推动了高新技术企业的高质量发展，并促进了整个产业的创新发展。

在江苏和浙江地区，行为理论占据着主导地位，薪酬差距的扩大对人力资本效率产生了负面影响。

尽管江苏和浙江地区经济发达，高新技术企业众多，但低薪酬员工的不满和流失问题也比较严重，尤其是一些关键岗位的员工。人力资本的流失不仅会影响高新技术企业的正常运营，还会降低人力资本效率。例如，一些制造业企业中，技术工人的薪酬相对较低，可能会导致他们流向薪酬更高的地区或行业，影响企业的生产效率和产品质量。江苏和浙江地区虽然整体经济实力较强，但区域内经济发展不平衡的问题也较为突出。在一些经济相对落后的地区，如果企业的薪酬差距过大，可能会进一步加剧区域经济发展的不平衡。薪酬水平较高的岗位主要集中在发达的省会城市或大型企业，而低薪酬岗位则主要分布在落后的县级地区或中小企业，这会导致人才向发达地区和大型高新技术企业的集中，从整体上来看降低了整个区域的人力资本效率。例如，在江苏的一些苏北地区和浙江的一些山区，由于企业薪酬水平较低，难以吸引和留住人才。

因此，相较于上海地区，江苏和浙江地区的薪酬差距对人力资本效率有显著的负面影响。

5.3 启示

薪酬差距对高新技术企业人力资本效率的影响是值得关注的重要现实议题。因此，本研究以我国长三角地区的高新技术企业为研究对象，旨在揭示高新技术企业薪酬差距对人力资本效率的影响，并进一步探讨人力资本结构的优化调整能否增强或削弱薪酬差距对人力资本效率的影响。为了得到更为细致的研究结论，为区域差异化政策制定提供一定的参考和启示，本研究进一步从企业自身规模特征和地区属性的视角分析了高新技术企业薪酬差距、人力资本结构与人力资本效率之间关系的异质性。因此，本书相关的研究结论能够提供一些启示，可将其划分为理论启示和实践启示两个部分。

5.3.1 理论启示

关于高新技术企业的研究，现有文献主要集中于高新技术企业的概念界定、高新技术企业认定政策对融资约束、企业绩效的影响等；关于薪酬差距的研究，现有文献主要从薪酬差距的分类、薪酬差距对员工行为及企业经济效益的影响等方面展开论述，尤其是重点关注了薪酬差距对企业绩效的影响、薪酬差距对企业创新的影响，相关成果较为丰富；关于人力资本效率的研究，现有文献主要对人力资本效率的概念界定、人力资本效率的影响因素、人力资本效率的评价模型等进行研究和探讨，且主要采用问卷调查的方法进行理论分析和范式研究。尽管部分学者注意到了企业薪酬差距这一现象，但是相关成果并不多见，尤其是人力资本在薪酬差距与人力资本效率之间发挥什么样的作用，缺乏系统的理论论述和实证研究，且现有研究鲜少聚焦长三角地区高新技术企业，而这是决定区域市场竞争力的重要载体，对推动长三角地区的经济结构调整和经济高质量发展发挥着关键性作用。

因此，本书以长三角地区高新技术企业为研究对象，通过实证研究方法对薪酬差距、人力资本结构与人力资本效率之间的关系进行研究，包括 DEA 模型、基本回归模型、中介效应模型等，进一步拓展了现有研究的嵌入情景，为人力资本效率研究提供了新的研究视角。相关研究结论也更加客观，解决了基于问卷调查法所产生的主观性问题，能够揭示薪酬差距对人力资本效率的影响路径，深化人力资本理论的研究内容。具体体现在以下几方面。

本书考虑了高新技术企业的发展特征，探讨高新技术企业薪酬差距对人力资本效率的影响，并发现二者存在显著的负相关关系。本书相关研究结论具有极强的针对性，薪酬差距与人力资本效率的研究为人力资本理论提供了新的视角，有效提高了研究结果的准确性和适用性。薪酬结构是企业内部治理的重要组成部分，它会影响企业内部的合作与竞争氛围，进而影响企业的人力资本效率。例如，适度的薪酬差距可以激发员工之间的竞争，促进企业内部的人才流动和知识共享，提高企业的人力资本效率；但过大的薪酬差距可能会破坏企业内部的团队合作精神，导致员工之间的矛盾和冲突，降低企业的人力资本效率。这为企业在设计薪酬体系和治理结构时提供了重要的理论参考。

本书进一步揭示了人力资本结构在薪酬差距与人力资本效率之间发挥着显著的中介作用，也就是说薪酬差距能够影响人力资本结构，进而作用于人力资本效率的作用路径，有利于全面理解薪酬体系设计与人力资本效率之间的关系及内在传导机制，深化人力资本相关理论。以往关于人力资本的相关研究主要关注个体的教育水平、技能培训等方面对经济增长的贡献，而本书基于人力资本结构的视角探讨其在薪酬差距与人力资本效率之间发挥的作用，是对人力资本相关概念的进一步拓展，也就是说本书不仅考虑个体层面的人力资本特征，还关注人力资本在不同层次、区域等方面的分布和组合情况，尤其是学历状况，这使得人力资本的内涵更加丰富和多元化，为深入理解人力资本的本质和作用提供了新的视角。

本书相关研究结论不仅适用于高新技术企业，对其他行业或领域也能够带来一定的理论启示。比如，在国家政策方面，可以通过优化教育资源配置，提高不同层次和专业的教育质量，来改善人力资本结构，进而提高人力资本效率，降低过高的薪酬差距带来的不利影响。比如，在医疗、制造业等领域，在设置薪酬结构时也可以考虑优化人力资本结构，更好地发挥薪酬激励作用。

本书从企业自身特征差异和地区属性差异两个方面进行异质性研究，揭示了高新技术企业薪酬差距对人力资本效率的非对称影响，包括企业规模、产权性质、两职分离程度、行业属性、地区属性等，进一步拓展了关于薪酬差距、人力资本效率的研究范畴，是对现有研究的进一步拓展和延伸，丰富了现有研究的边界条件。

本书充分结合高新技术企业的发展特征及其所处的外部环境，有利于更准确地理解和掌握高新技术企业薪酬差距作用于人力资本效率的"黑箱"，准确评估不同类型、不同地区高新技术企业薪酬差距与人力资本效率之间的关系，促进双因素理论、人力资本理论的系统化发展。

同时，本书得到的细致、深入的研究结论，有利于帮助不同类型、不同地区的高新技术企业设计更有效的薪酬激励方案和人力资本发展规划，以激发不同类型人力资本的员工发挥最大潜力，提高企业的人力资本效率。此外，本书的异质性研究为理解劳动市场的人力资本结构和动态变化也提供了新的视角，能够更好地解释不同地区人力资本效率存在差异的原因。比如，在经济发达地区，由于企业对高技能人力资本的需求旺盛，同时劳动力市场竞争激烈，可能导致高技能劳动者与低技能劳动者之间的薪酬差距较大，进而吸引其他地区的高技能人力资本流入，从而改变该地区的人力资本结构。而在经济欠发达地区，由于产业结构相对单一，对高技能人力资本的需求有限，薪酬差距可能相对较小，且教育资源匮乏，不利于人力资本结构的优化，为人力资本效率提升带来负面影响。

5.3.2 实践启示

高新技术企业作为科技创新的重要载体，各地政府部门高度注重其发展。然而，高新技术企业人力资本效率却存在以下突出问题：一是企业尤其是高新技术企业的员工流动性较强；二是不同地区的经济发展、资源禀赋等存在较大差异，影响着人力资本的优化配置，人力资本效率长期处于较低水平。从实践的角度来看，薪酬作为高新技术企业对员工的重要激励手段，被广泛应用于企业管理实践。有很多高新技术企业会设立较高的薪酬水平来吸引人才，但这也容易导致企业内部不同岗位人力资本之间的薪酬差距较大，尤其是高管的"天价"薪酬容易引起员工的不公平感。本书研究的实践启示如下。

一方面，薪酬差距与人力资本效率的研究表明，过高的薪酬差距不利于人力资本效率提升。薪酬差距作为人力资本流动和配置的重要影响因素，如果企业的薪酬差距不合理，可能会导致人才流失或人才配置不合理，影响企业的人力资本效率提升。因此，高新技术企业应关注薪酬水平的变化，及时调整自身的薪酬策略，优化薪酬结构设计，以吸引和留住优秀人才。高新技术企业在设计薪酬结构、制定薪酬政策时，应该兼顾公平和效率，需要充分考虑员工的需求和感受，根据员工的岗位价值、绩效表现等因素，合理设置不同层级员工之间的薪酬差距，以实现薪酬激励的最大化。例如，通过薪酬激励为员工提供更广阔的薪酬晋升空间，并根据员工的能力和业绩对其薪酬水平进行及时、动态调整，以实现薪酬的内部公平性和外部竞争力的平衡。这在一定程度上能够激发员工努力工作，降低因薪酬差距过大所产生的员工不公平感。

同时，高新技术企业还应通过有效的沟通和团队建设，缓解薪酬差距可能带来的矛盾和冲突，营造积极向上的工作氛围。例如，管理层可以通过公开透明的薪酬制度，让员工了解薪酬差距的合理性和依据，增强员工对企业的信任和认同感。还可以通过组织团队活动、提供职业发展机会等方式，增强员工之间的凝聚力和合作精神，提高团队的整体绩效，进而削弱薪酬差距对人力资本效率的负面影响。

此外，政府也可以进一步加强对劳动力市场的监管和引导，促进人力资本的合理流动和优化配置，提高企业乃至整个社会的人力资本效率。例如，政府部门可以通过制定相关政策，在鼓励企业加大对人才的培养和引进力度的同时，加强对劳动力市场的信息披露和服务，为不同地区高新技术人才的跨区域流动和优化配置提供便利，充分发挥人力资本价值的最大化。

另一方面，薪酬差距、人力资本结构与人力资本效率的研究表明，人力资本结构在薪酬差距与人力资本效率之间发挥着显著的中介作用。因此，高新技术企业还应该重视人力资本结构的优化调整。人力资本与物质资本之间存在着相互依存的关系，企业在追求经济效益的过程中，应注重人力资本与物质资本的协同发展，通过合理的薪酬制度和激励机制，不断优化企业的人力资本结构，激发各岗位层级员工工作的积极性和创造力，最大限度地发挥物质资本的使用效率，实现企业的可持续发展。例如，企业可以通过股权激励等方式，将员工的利益与企业的长期发展紧密结合起来，吸引和留住人才，保持最佳的人力资本结构，防止高素质、高学历人力资本的流失，进而降低薪酬差距过大对人力资本效率的负面影响，实现人力资本与物质资本的共同增值。考虑到不同人力资本之间可能存在个体差异，也就是说他们对薪酬差距的感知和反应有所不同，这取决于他们的个人价值观、职业发展阶段和经济需求等因素。

因此，企业在制定薪酬政策时，应充分考虑人力资本结构中不同员工之间的个体差异，了解他们的激励需求，制定个性化的薪酬方案。例如，在高新技术企业中有部分员工的岗位及薪资水平较低，若他们具有良好的技术水平或较高的潜力，可以通过提供具有挑战性的工作任务和职业发展机会，并给予相应的薪酬激励，激发这类人力资本的工作热情和创造力。对于高新技术企业中的老员工和关键技术岗位的员工，可以通过股权激励等长期激励方式，增强他们的忠诚度和归属感，防止这类人力资本的流失。

此外，本研究还发现薪酬差距、人力资本结构与人力资本效率之间的关系存在异质性，即不同类型的企业、不同地区的企业，薪酬差距、人力资本结构与人力资本效率之间的关系也有所不同。比如，人力资本结构的优化调整能够增强上海地区薪酬差距对人力资本效率的促进作用，削弱江苏、浙江地区薪酬差距对人力资本效率的负面作用。

因此，不同地区的企业或政府部门可根据本书实证研究结果制定差异化政策。比如，企业可以通过分析自身的人力资本结构，了解不同类型员工的价值和贡献，制定合理的薪酬政策、培训计划和晋升机制，激发员工的工作积极性和创造力，提高企业的人力资本效率。根据不同岗位的需求，企业应充分考虑人力资本结构的最优化，招聘和培养具有不同专业背景和技能水平的员工，实现人力资本的多元化和互补性，也可以通过内部培训和岗位轮换，提高员工的综合素质和适应能力，促进人力资本效率的提升。

部分地方政府部门可以加大对职业教育和技能培训的投入，比如江苏和浙江地区，薪酬激励对人力资本效率的影响并不显著，应培养更多适应市场需求的高技能人才，促进不同专业和层次的人力资本合理配置，通过人力资本结构的优化调整来促进人力资本效率的提升。一些薪酬差距过高的地区，也可以通过制定最低工资标准、推进收入分配制度改革、采取税收调节等方式，缩小不同行业和群体之间的薪酬差距，促进社会的公平与稳定。同时，社会舆论也可以发挥监督作用，引导企业合理制定薪酬政策，关注员工的权益和福利。

5.4　研究的局限性和未来研究方向

5.4.1　研究的局限性

本书以长三角地区的高新技术企业为研究对象，构建了高新技术企业薪酬差距、人力资本结构与人力资本效率之间的理论分析架构，采用实证分析方法进行检验，得到了相对客观的研究结论。同时，由于薪酬差距对人力资本效率的影响在不同类型、不同地区的企业中可能有所不同，故本书充分考虑了高新技术企业自身的特征差异和地区属性差异等情境因素的影响，具有一些理论启示和实践启示。但是本书仍然存在一些不足之处。

首先，鉴于数据的可得性，本书选取2013—2021年我国长三角地区高新技术企业作为研究样本，且均为深沪A股上市公司，最终得到的高新技术企业样本量为242家。然而，整个长三角地区的高新技术企业超过11万家（包括上市公司和非上市公司），部分企业存在薪酬信息不透明的情况，尤其是一些非上市公司或中小型企业，这导致本书研究的样本量可能偏少。例如，一些企业可能会隐瞒部分高额薪酬或特殊福利，使得数据的获取难度较大或者与实际情况存在偏差，我们并未将其纳入研究范围。一些中小企业可能由于资金有限，难以提供与大型企业相当的薪酬水平，其薪酬差距的设定和人力资本的管理策略会有所不同，这种差异可能会影响到薪酬差距、人力资本结构与人力资本效率之间的关系。并且，考虑到数据的可得性，我们仅对长三角地区的深沪 A 股高新技术上市公司进行研究，其他高新技术企业的薪酬差距、人力资本结构、人力资本效率的现状如何及它们之间的作用关系如何，仍有待深入剖析。

其次，关于人力资本效率的测度，现有学者主要采用单指标法对人力资本效率进行测度，也有部分学者基于投入产出的视角对人力资本效率进行分析，目前还缺乏统一、精准的标准。本书在借鉴现有研究的基础上，遵循系统性原则、可比性原则、可量化原则，并考虑数据的可得性，从投入产出的视角进行综合评估，选取的指标包括职工薪酬、管理费用、员工人数、平均年龄、净资产收益率等，选取的方法为 DEA 模型。关于人力资本的创新能力、学习能力、工作经验、适应能力等，也会影响人力资本效率，但是这些指标难以量化，因此并未将其纳入评价体系中，这在一定程度上可能无法全面反映高新技术企业的人力资本效率。

最后，本书对高新技术企业薪酬差距、人力资本结构与人力资本效率的研究是基于静态数据进行分析，在样本研究期间内，仅对人力资本效率的动态变化进行了分析，缺乏对薪酬差距和人力资本结构变化的长期跟踪。然而，薪酬差距和人力资本都是动态的概念，会随着时间的推移而不断变化。例如，员工在企业中的工作经历不断积累，其人力资本成本会逐渐提升，也就意味着相应的薪酬也可能发生变化，但本书并没有对薪酬差距、人力资本结构与人力资本效率之间的动态演变过程以及动态关系进行研究。

5.4.2 未来研究方向

根据以上研究不足的分析，未来的研究方向如下。

一是数据挖掘，通过多种渠道获取相关数据。在未来的研究中将持续关注各数据库、公司年报进行数据的更新，并综合运用问卷调查、企业访谈、政府统计数据等多种渠道获取企业内部不同岗位薪酬之间的差距，尤其是加大对中小企业的研究力度，以提高数据的准确性和全面性。同时，加强对企业内部薪酬信息披露的监管，促使企业提高薪酬信息的透明度，进而丰富未来研究的样本量，深入剖析不同类型高新技术企业的薪酬差距、人力资本结构、人力资本效率的发展状况及它们之间的作用关系，并与高新技术上市公司进行对比分析，总结出适合不同类型企业的管理策略，提高研究结果的应用价值。

二是进一步完善人力资本效率的评价指标体系。在未来的研究中，除了传统的人力资本效率测量指标外，应探索开发新的、更全面的人力资本效率评价指标体系。例如，可以借助大数据技术、Python软件等，收集高新技术企业人力资本的工作行为数据、绩效数据等，将以往难以量化的指标也纳入模型，如人力资本的创新能力、学习能力、工作经验、适应能力等，通过数据分析得到更为准确、全面的人力资本效率水平。

三是对高新技术企业薪酬差距、人力资本结构与人力资本效率的发展变化情况进行长期跟踪研究，并建立动态监测体系。在本书的研究中仅对人力资本效率的动态变化进行了分析，并未考虑高新技术企业薪酬差距的动态变化及人力资本结构的动态变化，在未来的研究中将建立薪酬差距、人力资本结构与人力资本的动态监测体系，实时关注它们的变化情况及动态相互影响关系，这有助于及时发现问题，为高新技术企业和政府部门的决策提供更及时、准确的信息。

5.5 小 结

本书的研究是一种尝试，即试图揭示高新技术企业薪酬差距对人力资本效率的影响，并明确人力资本结构在其中发挥的作用。随后，为提供更加针对性的指导，本书还从企业微观特征差异和所属地区差异两个方面进行了异质性检验，以期更好地理解和把握薪酬差距、人力资本结构与人力资本效率之间的关系。为达到这一目的，本书将薪酬差距、人力资本结构及人力资本效率纳入同一研究框架。通过构建人力资本效率评价模型，并采用DEA方法进行综合评估，本书发现整体而言，高新技术企业人力资本效率呈现波动上升的发展趋势，但人力资本投入与产出均处于理想状态的企业占比不足3%，仍存在较大的提升空间。通过基本回归分析发现，高新技术企业薪酬差距对人力资本效率有显著的负面影响，也就是说薪酬差距的持续扩大不利于人力资本效率的提升。通过中介效应分析发现，人力资本结构在薪酬差距与人力资本效率之间发挥了显著的中介作用，具体表现为：薪酬差距能够通过人力资本结构的优化调整来降低其对人力资本效率的负面影响。

同时，本书通过异质性分析发现，企业自身特征的差异会导致薪酬差距、人力资本结构与人力资本效率之间的关系有所不同。也就是说，不同类型的高新技术企业中这三者之间的关系存在明显差异。从企业规模来看，薪酬差距对大规模企业和小规模企业的人力资本效率均有显著的负面影响，但对前者更加显著，且人力资本结构的中介作用在大规模企业中也更加显著。从产权性质来看，薪酬差距对国有企业人力资本效率的影响并不显著，而对非国有企业人力资本效率有显著的负面影响，人力资本结构的优化调整削弱了该影响。从两职分离程度来看，薪酬差距对两权分离程度较高企业的人力资本效率有显著的负面影响，人力资本结构的优化调整降低了该负面影响。从行业属性来看，薪酬差距对垄断性和非垄断性企业的人力资本效率都具有显著的负面影响，但在前者更为显著，人力资本结构的中介作用在非垄断行业更为明显。通过地区属性的异质性发现，薪酬差距对上海地区人力资本效率提升有显著的促进作用，对江苏和浙江地区人力资本效率提升有显著的抑制作用，对安徽地区人力资本效率并无显著的影响。

基于上述的研究结论，本书提供了重要的启示，包括理论启示和实践启示，这对学者、高新技术企业、政府部门的理论、实践和方法等方面提供了重要的贡献。在理论层面，本书的研究聚焦长三角地区的高新技术企业，并基于人力资本结构的视角进行分析，丰富和拓展了现有研究的嵌入情景，为人力资本相关理论提供了新的视角。本书得到的研究结论为高新技术企业薪酬体系的设计和优化提供了重要的理论参考。在实践层面，本研究揭示了薪酬差距对人力资本效率的作用机制，这为高新技术企业人力资本效率的提升提供了思路，包括调整自身的薪酬策略、优化薪酬结构设计、考虑员工需求、优化人力资本结构、沟通渠道和团队建设等。此外，这为地方政府部门合理配置人力资本，最大限度地发挥人力资本价值提供了思路，包括加强市场监管、加大人才培养力度、提高职业教育和技能培训投入、推进收入分配制度改革等。

参考文献

ABDEL K A R, 2003. Self-sorting, incentive compensation and human capital assets [J]. European Accounting Review, 12(4):661-697.

ABHIMAN D, SUBHASH C R, ASHOK N, 2009. Labor-use efficiency in Indian banking: A branch-level analysis [J]. Omega, 2(37):411-425.

ADRIAN N N, MÖLLER M, 2020. Self-managed work teams: An efficiency-rationale for pay compression [J]. Journal of Economics & Management Strategy, 29(2):315-334.

AERTS K, SCHMIDT T, 2008. Two for the price of one? Additionality effects of R&D subsidies: A comparison between Flanders and Germany [J]. Research Policy, 37(5): 806-822.

AFCHA C S M, 2011. Behavioural additionality in the context of regional innovation policy in Spain [J]. Innovation, 13(1): 95-110.

AGHION P, VAN R J, ZINGALES L, 2013. Innovation and institutional ownership [J]. American Economic Eeview, 103(1): 277-304.

AGIOMIRGIANAKIS G, ASTERIOU D, MONASTIRIOTIS V, 2002. Human capital and economic growth revisited: A dynamic panel data study [J]. International Advances in Economic Research, 8(3): 177-187.

AGNIESZKA G, 2013. Growth, productivity and capital accumulation: The effects of financial liberalization in the case of European integration [J]. International Review of Economics & Finance, 25(1):291-309.

ALBUQUERQUE A M, DE F G, VERDI R S, 2013. Peer choice in CEO compensation [J]. Journal of Financial Economics, 108(1):160-181.

ALESINA A, DI TELLA R, MACCULLOCH R, 2004. Inequality and happiness: Are Europeans and Americans different? [J]. Journal of Public Economics, 88(9):2009-2042.

ALLAN J L, BENDER K A, THEODOSSIOU I, 2020. Performance pay and low-grade stress: An experimental study [J]. Work, 67(2):449-457.

AZLINA R, AMRIZAH K, RUHAYA A, 2018. Human Capital Efficiency and Financial Performance: Empirical Evidence of Malaysian Public Companies [J]. The Journal of Social Sciences Research, (5): 878-884.

BAI C E, LIU Q, LU J, et al., 2004. Corporate governance and market valuation in China [J]. Journal of Comparative Economics, 32(4):599-616.

BANKER R D, BU D L, MEHTA M N, 2016. Pay gap and performance in China. A Journal of Accounting Finance and Business Studies, 52(3):501-531.

BANKER R D, CHARNES A, COOPER W W, 1984. Some models for estimating technical and scale in efficiencies in data envelopment analysis [J]. Management Science, (30):1078-1092.

BART B, 2020. Learning strategies in sustainable energy demonstration projects: What organizations learn from sustainable energy demonstrations [J]. Renewable and Sustainable Energy Reviews, 131(14):1-14.

BARYEL A, ICHNIOWSKI C, SHAW K, 2007. How does information technology affect productivity? Panel-level comparisons of product innovation, process improvement, and worker skills [J]. The Quarterly Journal of Economics, 122(4):1721-1758.

BEBCHUK L A, CREMERS K M, PEYER U C, 2011. The CEO pay slice [J]. Journal of Financial Economics, 102(1):199-221.

BEBCHUK L A, FRIED J M, WALKER D I, 2002. Managerial power and rent extraction in the design of executive compensation [J]. University of Chicago Law Review, 69(2):751-846.

BECKER B, 2015. Public R&D policies and private R&D investmen: A survey of the empirical evidence [J]. Journal of Economic Surveys, 29(5):917-942.

BEER M, LAWRENEE B, 2005. Managing or human asses [J]. Journal of Management Studies, 33(2):213-215.

BELLOC F, 2012. Corporate governance and innovation: A survey [J]. Journal of Economic Survey, 26(5):835-864.

BERGSTRESSER D, PHILIPPON T, 2006. CEO incentives and earnings management [J]. Journal of Financial Economics, 80(3):511-529.

BIANCHI M, MURTINU S, SCALERA V G, 2019. R&D Subsidies as Dual Signals in Technological Collaborations [J]. Research Policy, 48(9):103-121.

BICEN P, JOHNSON W H A, 2014. How do firms innovate with limited resources in turbulent markets. Innovation: Management [J]. Policy and Practice, 16(3):4207-4240.

BIRASNAV M, RANGNEKAR S, 2010. Knowledge management structure and human capital development in Indian manufacturing industries [J]. Business Process Management Journal, 16(1): 57-75.

BOLDRIN M, LEVINE D K, 2004. Rent-seeking and Innovation [J]. Journal of Monetary Economics, 51(1):127-160.

BOLL C, LEPPIN J S, 2014.Overeducation among graduates: An overlooked facet of the gender pay gap? Evidence from East and West Germany [J]. HWWI Research Papers.

BOOTH L D, ZHOU J, 2013. Increase in cash holdings: Pervasive or sector-specific? [J]. Frontiers in Finance and Economics, (10):1-30.

BOSSINK B, 2020. Learning strategies in sustainable energy demonstration projects: What organizations learn from sustainable energy demonstrations [J]. Renewable and Sustainable Energy Reviews, 131(14):01-14.

BRAIN L C, TIHANYI L, CROOK T R, et al., 2014. Tournament theory: Thirty years of contests and competitions [J]. Journal of Management, 40(1):16-47.

BRONZINI R, IACHINI E, 2014. Are incentives for R&D effective? Evidence from a regression discontinuity approach [J]. American Economic Journal: Economic Policy, 6(4):100-134.

BRONZINI R, PISELLI P, 2016. The impact of R&D subsidies on firm innovation [J]. Research Policy, 45(2):442-457.

BROWN J R, FAZZARI S M, PETERSEN B C, 2009. Financing innovation and growth: Cash flow, external equity and the 1990s R&D boom [J]. The Journal of Finance, 64(1):151-185.

BROWN J R, MARTINSSON G, 2019. Does transparency stifle or facilitate innovation? [J]. Management Science, 65(4):1600-1623.

BUALLAY A, 2018. Audit committee characteristics: An empirical investigation of the contribution to intellectual capital efficiency [J]. Measuring Business Excellence, 22(2):183-200

BYUN S, 2014. The effect of abnormal executive pat dispersion: Evidence from firm performance and executive turnover [J]. Asia-Pacific Journal of Financial Studies, 43(5):621-648.

CASSIMAN B, VEUGELERS R, ARTS S, 2018. Mind the gap: Capturing value from basic research through combining mobile inventors and partnerships [J]. Research Policy, 47(9): 1811-1824.

CAUCHIE G, VAILLANT N G, 2016. New firm survival: Isolating the role of founders' human capital in accounting for firm longevity [J]. Journal of Human Capital, 10(2):186-211.

CHANG X, FU K, LOW A, et al., 2015. Non-executive employee stock options and corporate innovation [J]. Journal of Financial Economics, 115(1):168-188.

CHATTERJEE A, HAMBRICK D C, 2007. It's all about me: Narcissistic chief executive officers and their effects on company strategy and performance [J]. Administrative Science Quarterly, 52(3): 351-386.

CHEN C, LI Z, SU X, et al., 2011. Rent-seeking incentives, corporate political connections, and the control structure of private firms: Chinese evidence [J]. Journal of Corporate Finance, 17(2): 229-243.

CHEN J P C, LI Z, SU X, et al., 2011. Rent-seeking incentives, corporate political connections, and the control atructure of private firms: Chinese evidence [J]. Journal of Corporate Finance, 17 (2):229-243.

CHEN J, YIN X, MEI L, 2018. Holistic innovation: An emerging paradigm of sustained competitive advantage [J]. International Journal of Innovation Studies, 1:1-35.

CHEN M, CHENG S, HWANG Y, 2005. An empirical investigation of the relationship between intellectual capital and firms' market value and financial performance [J]. Journal of Intellectual Capital, 6(2):159-176.

CHEN Y, LI H, ZHOU L, 2005. Relative performance evaluation and the turnover of provincial leaders in China [J]. Economics Letters, 88(3):421-425.

CHENG J, KUANG X, ZENG L, 2022. The impact of human resources for health on the health outcomes of Chinese people [J]. BMC Health Services Research, 22(1):1-13.

CLOUTIER J, MORIN D, RENAUD S, 2013. How does variable pay relate to pay satisfaction among Canadian workers? [J]. International Journal of Manpower, 34(5):465-485.

COLES J L, LI Z F, WANG A Y, 2017. Industry tournament incentives [J]. Review of Financial Studies, 31(4):1418-1459.

DAH M A, FRYE M B, 2017. Is board compensation excessive? [J]. Journal of Corporate Finance, 45: 566-585.

DAHL M S, PIERCE L, 2020. Pay-for-performance and employee mental health: Large sample evidence using employee prescription drug usage [J]. Academy of Management Discoveries, 6(1): 12-38.

DAI Y H, KONG D M, XU J, 2017. Does fairness breed efficiency? Pay gap and firm productivity in China [J]. International Review of Economics and Finance, (1):3.

DAI Y, KONG D, XU J, 2017. Does fairness breed efficiency? Pay gap and firm productivity in China [J]. International Review of Economics & Finance, (48):406-422.

DAVID M K, 2007. Regulatory competition and environmental enforcement: Is there a race to the bottom? [J]. American Journal of Political Science, 51(4):853-872.

DENCKER J C, JOSHI A, MARTOCCHIO J J, 2007. Employee benefits as context for intergenerational conflict [J]. Human Resource Management Review, 17(6): 208-220.

DERRIEN F, KECSKÉ A, 2013. The real effects of financial shocks: Evidence from exogenous changes in analyst coverage [J]. The Journal of Finance, 68(4):1407-1440.

DIJKSTRA B R, MATHEW A J, MUKHERJEE A, 2011. Environmental Regulation: An Incentive for Foreign Direct Investment [J]. Review of International Economics, 19(3):568-578.

DMITRI B, SUDIPTA B, 2019. Modeling the determinants of meet-or-just-beat behavior in distribution discontinuity tests [J]. Journal of Accounting and Economics, 68(2-3):1-29.

DU J, CHOI J N, 2010. Pay for performance in emerging markets: Insights from China [J]. Journal of International Business Studies, 41(4), 671-689.

EBERHART A, MAXWELL W, SIDDIQUE A, 2008. A reexamination of the rradeoff between the future benefit and riskiness of R&D increases [J]. Journal of Accounting Research, 46(1):27-52.

EDERHOF M, 2010. Discretion in bonus plants [J]. The Accounting Review, 85(6): 1921-1949.

EMONTSPOOL J, SERVAIS P, 2017. Cross-border entrepreneurship in a global world: a critical reconceptualization [J]. European Journal of International Management, 11(3):262-279.

ENSLEY M D, PEARSON A W, SARDESHMUKH S R, 2007. The negative consequences of pay dispersion in family and non-family top management teams: An exploratory analysis of new venture, high-growth firms [J]. Journal of Business Research, 60(10):1039-1047.

FALEYE O, REIS E, VENKATESWARAN A, 2013. The determinants and effects of CEO-employee pay ratios [J]. Journal of Banking & Finance, 37(8):3258-3272.

FANG F, DUAN T, LI K, 2022. Political connections, ownership and within-firm pay gap [J]. Sustainability, 14:8763.

FAULKENDER M, YANG J, 2010. Inside the black box: The role and composition of compensation peer groups [J]. Journal of Financial Economics, 96:257-270.

FEE C E, HADLOCK C J, 2003. Raids, rewards, and reputations in the market for managerial talent [J]. The Review of Financial Studies, 16(4):1311-1353.

FERRARO D, GHAZI S, PERETTO P F, 2019. Lessons for tax reform from an equilibrium model of innovation [J]. SSRN Economic Journal, 3325987.

FESTINGER L, 1954. A theory of social comparison processes [J]. Human Relations, 7(2):117-140.

FIRTH M, LEUNG T Y, RUI O M, et al., 2015. Relative pay and its effects on firm efficiency in a transitional economy [J]. Journal of Economic Behavior & Organization, (110):59-77.

FOREMAN P J, 2013. Effectiveness and efficiency of SME innovation policy [J]. Small Business Economics, 41(1):55-70.

FRANCIS B B, HASAN I, SHARMA Z, 2011. Incentives and innovation: Evidence from CEO compensation contracts [J]. Social Science Electronic Publishing, 12(3):407-456.

GALBRAITH J R, 2002. Organizing ro deliver solutions [J]. Organizational Dynamics, 31(2):194-207.

GEHRINGER A, 2013. Growth, productivity and capital accumulation: The effects of financial liberalization in the case of European integration [J]. International Review of Economics &amp, Finance, 25(1):291-309.

GERHART B, FANG M, 2014. Pay for (individual) performance: Issues, claims, evidence, and the role of sorting effects [J]. Human Resource Management Review, 24(1):41-52.

GERHART B, RYNES S L, 2003. Compensation: Theory, evidence, and strategic implications [M]. Thousand Oak, CA:Sage Publications.

GLÄER D, VAN GILS S, VAN QUAQUEBEKE N, 2017. Pay-for-performance and interpersonal deviance: Competitiveness as the match that lights the fire [J]. Journal of Personnel Psychology, 16(2):77-90.

GOEL A M, THAKOR A V, 2008. Overconfidence, CEO selection, and corporate governance [J]. The Journal of Finance, 63(6):2737-2784.

GOPALAN R, JAYARAMAN S, 2012. Private control benefits and earnings management: Evidence from insider controlled firms [J]. Journal of Accounting Research, 50(1):117-157.

GRAHAM J R, HARVEY C R, RAJGOPAL S, 2005. The economic implications of corporate financial reporting [J]. Journal of Accounting and Economics, 40:3-73.

GRUBER M, HARHOFF D, HOISL K, 2013. Knowledge recombination across technological boundaries: scientists vs. engineers [J]. Management Science, 59(4):837-851.

HAGEDOORN J, 2002. Inter-firm R&D partnerships: An overview of major trends and patterns since 1960 [J]. Research Policy, 31(4):477-492.

HANS H, JOHAN F, PATRIK S., et al., 2016. The role of pilot and demonstration plants in technology development and innovation policy [J]. Research Policy, 45(9):1743-1761.

HASNAOUI J A, HASNAOUI A, 2023. How does human capital efficiency impact credit risk?: The case of commercial banks in the GCC [J]. Human Capital Efficiency of Commercial Banks.

HAYWARD M L A, RINDOVA V P, POLLOCK T G, 2004. Believing one's own press: The causes and consequences of CEO celebrity [J]. Strategic Management Journal, 25(7):637-653.

HE L, FANG J, 2016. Subnational institutional contingencies and executive pay dispersion [J]. Asia Pacific Journal of Management, 33(2):371-410.

HELLSMARK H, FRISHAMMAR J, SOERHOLM P, et al., 2016. The role of pilot and demonstration plants in technology development and innovation policy [J]. Research Policy, 45(9): 1743-1761.

HENDERSON A D, FREDRICKSON J W, 2001. Top management coordination needs and the CEO pay gap: A competitive test of economic and behavioral views [J]. Academy of Management Journal, 44(1):96-117.

HERZBERG F, MAUSNER B, SNYDERMAN B B, 1959. The Motivation to Work [M]. New York: John Wiley & Sons.

HILLMAN A J, DALZIEL T, 2023. Boards of directors and firm performance: Integrating agency and resource dependence perspectives. Academy of Management [J]. The Academy of Management Review, 28(3):383.

HOBFOLL S E, HALBESLEBEN J, NEVEU J P, et al., 2018. Conservation of resources in the organizational context: The reality of resources and their consequences [J]. Annual Review of Organizational Psychology and Organizational Behavior, 5(1):103-128.

HRIBAR P, YEHUDA N, 2015. The mispricing of cash flows and accruals at different life-cycle stages [J]. Contemporary Accounting Research, 32(3):1053-1072.

HUANG X, LIU W, ZHANG Z, et al., 2023. Quantity or quality: Environmental legislation and corporate green innovations [J]. Ecological Economics, 204(B):107684.

IONESCU F, 2011. Risky human capital and alternative bankruptcy regimes for student loans [J]. Journal of Human Capital, 5(2):153-206.

JANSSEN S, SARTORE S T, BACKES-GELLNER U, 2016. Discriminatory social attitudes and varying gender pay gaps within firms [J]. ILR Review, 69(1):253-279.

JAYANT S, 2009. Rank-order tournaments and incentive alignment: The effect on firm performance [J]. The Journal of finance, 10(3):1479-1509.

JIA N, TIAN X, ZHANG W, 2016. The real effects of tournament incentives: the case of firm innovation [J]. Kelley School of Business Research Paper, (1):16-21.

JOHN K, LITOV L, YEUNG B, 2008. Corporate governance and risk taking [J]. Journal of Finance, 63(4):1679-1728.

JONES B F, OLKEN B A, 2005. Do leaders matter? National leadership and growth since world war II [J]. Quarterly Journal of Economics, 120(3):835-864.

JOSHI M, CAHILL D, SIDHU J, et al., 2013. Intellectual capital and financial performance: An evaluation of the Australian financial sector [J]. Journal of Intellectual Capital, 14(2):264-285.

KAMARDIN H, BAKAR R A, ISHAK R, 2015. Proprietary costs of intellectual capital reporting: Malaysian evidence [J]. Asian Review of Accounting, 23(3):275-292.

KANG K N, PARK H, 2012. Influence of government R&D support and inter-firm collaborations on innovation in Korean biotechnology SMEs [J]. Technovation, 32(1):68-78.

KINI O, WILLIAMS R, 2012. Tournament incentives, firm risk, and corporate policies [J]. Journal of Financial Economics, 103(2):350-376.

KONG G W, ZHANG H, WANG D, et al., 2021. Political promotion and pay gap: Evidence from SOEs in China [J]. Economic Analysis and Policy, 69:450-460.

KONG G, KONG T D, LU R, 2020. Political promotion incentives and within-firm pay gap: Evidence from China [J]. Journal of Accounting and Public Policy, 39(2):106715.

LALLEMAND T, PLASMAN R, RYCX F, 2004. Intra-firm wage dispersion and firm performance: Evidence from linked employer-employee data [J]. Kyklos, 57(4):533-558.

LAW P, 2010. Gaming outcome of accountants and human capital theory: Macau evidence [J]. Management Research Review, 33(12):1174-1186.

LAZEAR E P, ROSEN S, 1981. Rank-order tournaments as optimum labor contracts [J]. Journal of Political Economy, 89(5):841-864.

LEE G, CHO S Y, ARTHURS J, et al., 2019. CEO pay inequity, CEO-TMT pay gap, and acquisition premiums [J]. Journal of Business Research, 98(5):105-116.

LERNER J, WULF J, 2007. Innovation and incentives: Evidence from corporate R&D [J]. Review of Economics and Statistics, 89(4):634-644.

LI H B, ZHOU L A, 2005. Political turnover and economic performance: the incentive role of personnel control in China [J]. Journal of Public Economics, 89(9-10):1743-1762.

LI H, LIU P, 2018. A study on the impact of diversity of human capital structure on fifirm innovation [J]. Stud. Sci. Sci, 36:1694-1707.

LI W Q, LIU Y, MENG W Q, 2012. Research on human resources efficiency of Project department based on PCA-DEA complex model [J]. Advances in Intelligent and Soft Computing, (148):455-460.

LI X H, MA L N, KHAN S, et al., 2023. The role of education and green innovation in green transition: Advancing the United Nations Agenda on sustainable development[J]. Sustainability, 15 (16):12410.

LIN C, LIN P, SONG F M, et al., 2011 Managerial incentives, CEO characteristics and corporate innovation in China's private sector [J]. Journal of Comparative Economics, 39(2):176-190.

LIU H L, FEI X, BO L, et al., 2020. Does the high-tech enterprise certification policy promote innovation in China? [J]. Science and Public Policy, 47(5):678-688.

LIU Q, ZHAO Z W, 2022. Relationship model between human resource management activities and performance based on LMBP algorithm [J]. Security and Communication Networks, (4).

LIU Z M, 2022. Research on the incentive effect of employee welfare system [J]. Southwestern University of Finance and Economics.

MA B, YU D, 2020. Research on the influence of R&D human resources on innovation capability —Empirical research on GEM-listed enterprises of China [J]. Managerial and Decision Economics, 42(3):751-761.

MA M, PAN J, STUBBEN S, 2020. The effect of local tournament incentives on firms' performance [J]. The Accounting Review, 95(2):283-309.

MAHY B, RYCX F, VOLRAL M, 2011. Does wage dispersion make all firms productive? [J]. Scottish Journal of Political Economy, 58(4):455-489.

MAND M, 2019. On the cyclicality of R&D activities [J]. Journal of Macroeconomics, 59(1):38-

58.

MANOVA K, 2013. Credit constraints, heterogeneous firms and international trade [J]. Review of Economics Studies, 80(2):711-744.

MARKO S, JASMINA O, MARIJANA B, 2023. Sustainability of human capital efficiency in the hotel industry: Panel data evidence [J]. Sustainability, 2268.

MARTINEZ P A, KEDIR A, WILLIAMS C C, 2016. Does bribery have a negative impact on firm performance? A firm-level analysis across 132 developing countries [J]. International Journal of Entrepreneurial Behaviour & Research, 22(3):3980415.

MCMULLEN J S, SHEPHERD D A, 2006. Entrepreneurial action and the role of uncertainty in the theory of the entrepreneur [J]. Academy of Management Review, 31(1):132-152.

MENTION A L, 2012. Intellectual capital, innovation and performance: A systematic review of the literature [J]. Business & Economic Research, 2(1):1-37.

MERRIMAN K K, DECKOP J R, 2007. Loss aversion and variable pay: A motivational perspective [J]. International Journal of Human Resource Management, 18(6):1026-1041.

MESSERSMITH J G, GUTHRIE J P, JI Y Y, et al., 2011. Executive turnover: The influence of dispersion and other pay system characteristics [J]. Journal of Applied Psychology, 96(3):457-469.

MESSERSMITH J G, KIM K Y, PATEL P C, 2018. Pulling in different directions? Exploring the relationship between vertical pay dispersion and high-performance work systems [J]. Human Resource Management, 57(1):127-143.

MEULEMAN M, MAESENEIRE W D, 2012. Do R&D subsidies affect SMEs' access to external financing? [J]. Research Policy, 41(3):580-591.

MILGROM P, ROBERTS J, 1988. An economic approach to influence activities in organizations [J]. American Journal of Sociology, 94(Supplement): S154-S179.

MILLER G S, 2006. The press as a watchdog for accounting fraud [J]. Journal of Accounting Research, 44(5):1001-1033.

MITCHELL M S, BAER M D, AMBROSE M L, et al., 2018. Cheating under pressure: A self protection model of workplace cheating behavior [J]. Journal of Applied Psychology, 103(1):54-73.

MITCHELL M S, BAER M D, AMBROSE M L, et al., 2018. Cheating under pressure: A self-protection model of workplace cheating behavior [J]. Journal of Applied Psychology, 103(1):54-73.

MOHAMMAD H S, SHAIRI S A, 2023. Is intellectual capital measurement matters in the profitability of technology firms in Malaysia? Investigating the moderating effect of human capital efficiency [J]. Journal of Emerging Economies & Islamic Research, 11(1):15-40.

MORSE A, NANDA V, SERU A, 2011. Are incentive contracts rigged by powerful CEOs? [J]. Journal of Finance, 66(5):1779-1821.

NARASIMHAN R, NAIR A, 2005. The antecedent role of quality, information sharing and supply chain proximity on strategic alliance formation and performance [J]. International Journal of Production Economics, 96(3):301-313.

NEGASSI S, SATTIN J F, 2019. Evaluation of public R&D policy: A meta-regression analysis [J]. Technology and Investment, 10(1):1-29.

NIMTRAKOON S, 2015. The relationship between intellectual capital, firms' market value and financial performance Empirical evidence from the ASEAN [J]. Journal of Intellectual Capital, 16(3):587-618.

NOURANI M, CHANDRAN V, KWEH Q L, et al., 2018. Measuring Human, Physical and Structural Capital Efficiency Performance of Insurance Companies [J]. Social Indicators Research, 137:281-315.

OLOHUNLANA A O, ODELEYE A T, ISOLA W A, 2023. Determinants of the intellectual capital efficiency of listed banks in Nigeria: a DEA approach [J]. Journal of Business and Socio-economic, 3(1):86-96.

OSTROFF C, BOWEN D E, 2016. Reflection on the 2013 decade award: Is there strength in the construct of HR system strength? [J]. Academy of Management Review, 41(2):196-214.

PARK K E, 2017. Pay disparities within top management teams and earning management [J]. Journal of Accounting and Public Policy, 36(1):59-81.

PATEL P C, LI M, TRIANA M D C, et al., 2018. Pay dispersion among the top management team and outside directors: Its impact on firm risk and firm performance [J]. Human Resource Management, 57(1):177-192.

PAULO M N, SERRASQUEIRO Z, LEITÃO J, 2012. Is there a linear relationship between R&D intensity and growth? Empirical evidence of non-high-tech vs. high-tech SMEs [J]. Research Policy, 41(1):36-53.

PENG M W, ZHANG S, LI X, 2007. CEO duality and firm performance during China's institutional transitions [J]. Management and Organization Review, 3(2):205-225.

RAMIREZ Y, DIEGUEZ-SOTO J, MANZANEQUE M, 2021. How does intellectual capital efficiency affect firm performance? The moderating role of family management [J]. International Journal of Productivity and Performance Management, 70(2):297-324.

RAO N, 2016. Do tax credits stimulate R&D spending? The effect of the R&D tax credit in its first decade [J]. Journal of Public Economics, 140(1):1-12.

ROBERTA C, 2012. Assessing intellectual capital efficiency and productivity: An application to the Italian yacht manufacturing sector [J]. Expert Systems with Applications, 8(39):7255-7261.

ROBIN R, 2012. Branding and technology: Six innovations that change the game for brand asset management [J]. Journal of Digital Media Management, 1(3):216-221.

ROY A, SEKHAR C, VYAS V, 2016. Barriers to internationalization: a study of small and medium enterprises in India [J]. Journal of International Entrepreneurship, 14(4):1-26.

RUSCH R, 2012. Branding and technology: Six innovations that change the game for brand asset management [J]. Journal of Digital Media Management, 1(3):216-221.

SAMUEL A E, ABIODUN P, PATRICK E D, 2020. Human capital efficiency and profitability of listed oil and gas firms in Nigeria [J]. International Journal of Accounting & Finance, 9(1):47-68.

SAUNDERS M, LEWIS P, THORNHILL A, 2009. Research methods for business students (5th ed.) [J]. Pearson Education Limited.

SCAFARTO V, DIMITROPOULOS P, 2018. Human capital and financial performance in professional football: the role of governance mechanisms [J]. Corporate Governance, 18(2):289-316.

SHAMS P, MAMIZA H, JACOB M, 2022. CEO pay gaps and bank risk-taking [J]. European Accounting Review, 2043761

SHARMA Z, 2011. Pay disparity and innovation: Evidence from firm level data [J]. International Journal of Banking, Accounting and Finance, 3(4):233-257.

SHEN C H, ZHANG H, 2013. CEO risk incentives and firm performance following R&D increases [J]. Journal of Banking & Finance, (37):1176-1194.

SHEN C H, ZHANG H, 2018. Tournament incentives and firm innovation [J]. Review of Finance, 22(4):1515-1548.

SHEN W F, YLIU Y F, LIU X W, et al., 2023. The Effect of Industrial Structure Upgrading and Human Capital Structure Upgrading on Green Development Efficiency-Based on China's Resource-Based Cities [J]. Sustainability, (15):4673.

SMITH K B, 2018. The public policy theory primer [J]. Routledge.

SMRITI N, DAS N, 2018. The impact of intellectual capital on firm performance: A study of Indian firms listed in COSPI [J]. Journal of Intellectual Capital, 19(1):935-964.

SMULOWITZ S J, ALMANDOZ J, 2021. Predicting employee wrongdoing: The complementary effect of CEO option pay and the pay gap [J]. Organizational Behavior and Human Decision Processes, 162:123-135.

SONG L Z, SONG M, PARRY M E, 2010. Perspective: Economic conditions, entrepreneurship, first-product development, and new venture success [J]. Journal of Product Innovation Management, 27(1):130-135.

SONG M, PAN X F, PAN X Y, et al., 2018. Influence of basic research investment on corporate performance Exploring the moderating effect of human capital structure [J]. Management Decision, 57(8):1839-1856.

SUN K Y, WICKRAMASEKERA R, TAN A, 2022. Exploring the Relationship Between Family Involvement and Innovative Capability in Chinese Family SMEs: The Role of HR Redundancy [J]. Sage Open, 12(2).

SUNDARAM R K, YERMACK D L, 2007. Pay me later: Inside debt and its role in managerial compensation [J]. The Journal of Finance, 62(4):1551-1588.

TAKALO T, TANAYAMA T, TOIVANEN O, 2017. Welfare effects of R&D support policies [J]. Bank of Finland Research Discussion Paper, (30):863-891.

TANG J, CROSSAN M, GLENN R W, 2011. Dominant CEO, deviant strategy, and extreme performance: The moderating role of a powerful board [J]. Journal of Management Studies, 48(11): 153-178.

THOMAS D E, ARTHUR M, HOOD J N, 2012. Internationalization, TMT gender diversity and firm performancein mexican firms [J]. International Journal of Strategic Management, 12(2): 1555-2411.

THONG R, 2018. Transparency and firm innovation [J]. Journal of Accounting and Economics, 66 (1):67-93.

TRANK C Q, RYNES S L, BRETZ R D, 2002. Attracting applicants in the war for talent: Differences in work preferences among high achievers [J]. Journal of Business and Psychology, 16(3), 331-345.

TURUNEN H, NUMMELA N, 2017. Internationalisation at home: the internationalisation of location-bound service SMEs [J]. Journal of International Entrepreneurship, 15(1):1-19.

VALENTIN H, PAUL H, ERIK L, 2022. Bubbles and the value of innovation [J]. Journal of Financial Economics, 145(1):69-84.

VROOM V H,1964. Work and Motivation [M]. New York: Wiley.

WALDINGER F, 2016. Bombs, brains, and science: The role of human and physical capital for the creation of scientific knowledge [J]. Review of Economics and Statistics, 98(5):811-831.

WANG M, LI Y, LI J, et al., 2021. Green process innovation, green product innovation and its economic performance improvement paths: A survey and structural model [J]. Journal of Environmental Management, 297(1):113282.

WANG W Y, 2021. The Impact of Executive-Employee Pay Gap and Employee Benefits on Firm Performance: The Moderating Role of Industry Competition [J]. Shanghai University of Finance and Economics.

WEQAR F, SOFIFI Z A, HAQUE I, 2021. Nexus between intellectual capital and business performance: Evidence from India [J]. Asian Journal of Accounting Research, 6(2):180-195.

XU M L, KONG G W, KONG D M, 2017. Does wage justice hamper creativity? Pay gap and firm innovation in China [J]. China Economic Review, 44(3): 186-202.

XU N, LI X, YUAN Q, et al., 2014 Excess perks and stock price crash risk：Evidence from China [J]. Journal of Corporate Finance, 25(C):419-434.

XU Y, LIU Y G, GERALD J L, 2016. Troubled by unequal pay rather than low pay: The incentive effects of a top management team pay gap [J]. China Journal of Accounting Research, 9(2):115-135.

XUE Y R, 2007. Make or buy new technology: The role of CEO Compensation Contract in a Firm's Route to Innovation [J]. Review of Acounting Studies, 12(4):659-690.

YANADORI Y, CUI V, 2013. Creating Incentives for Innovation? The Relationship between Pay Dispersion in R&D Groups and Firm Innovation Performance [J]. Strategic Management Journal, 34(12):1502-1511.

YANG J, JIANG Y L, GAN S D, 2022. Digital finance and Chinese corporate labor investment efficiency: The perspective of financing constraints and human capital structure [J]. Frontiers in Psychology, (13):962806.

YANG W, KONG D, 2019. The intra-fifirm pay gap and the adjustment of human capital structure [J]. Journal of Financial Research, (6):150-168.

ZHANG C Z, YOU Y, GAO Z Q, 2015. Empirical study on the relationship between executive compensation dispersion and firm performance: The moderating role of technology intensity [J]. Journal of High Technology Management Research, 9(7):1-9.

ZHANG C, MAYER D M, HWANG E, 2018. More is less: Learning but not relaxing buffers deviance under job stressors [J]. Journal of Applied Psychology, 103(2):123-136.

ZHANG H Y, LV S, 2015. Intellectual Capital and Technological Innovation: The Mediating Role of Supply Chain Learning [J]. International Journal of Innovation Science, 7(3):199-210.

ZHANG S, 2014. Pay gap among executives and firm value [J]. Available at SSRN, 2275468.

ZHANG Y, TONG L, LI J, 2020. Minding the gap: Asymmetric effects of pay dispersion on stakeholder engagement in corporate environmental responsibility [J]. Corporate Social Responsibility and Environmental Management, 27(5):2354-2367.

ZHENG C J, GUPTA A D, MOUDUD-UL-HUQ A, 2018. Effect of human capital efficiency on bank risk-taking behavior and capital regulation: Empirical evidence from a developing country [J]. Asian Economic and Financial Review, 8(2):231-247

ZHU J J, GAO J, TAN H P, 2021. How the CEO power and age dissimilarity shape the chair-CEO pay gap: Empirical evidence from China Author links open overlay panel [J]. The North American Journal of Economics and Finance, 55:101221.

ŽUKAUSKAS P, VVEINHARDT J, ANDRIUKAITIENĖ R, 2018. Philosophy and Paradigm of Scientific Research [J]. Management Culture and Corporate Social Responsibility.

ZWEIG D, CHUNG S F, VANHONACKE R W, 2006. Rewards of technology: Explaining China's reverse migration [J]. Journal of International Migration & Integration, 7(4):449-471.

步丹璐, 王晓艳, 2014. 政府补助、软约束与薪酬差距[J]. 南开管理评论, 17（2）：23-33.

曹院平, 2019. 高新技术产业协同创新的人力资本效率评价及提升路径研究[J]. 知识经济, 499（15）：20-21, 23.

曹越, 孙丽, 2021. 国有控制权转让对内部控制质量的影响：监督还是掏空?[J]. 会计研究, （10）：126-151.

陈志斌, 吴敏, 陈志红, 2017. 家族管理影响中小家族企业价值的路径：基于行业竞争的代理理论和效率理论的研究[J]. 中国工业经济, （5）：113-132.

程小可，钟凯，杨鸣京，2015. 民营上市公司 CEO 持股缓解了代理冲突吗?——基于真实活动盈余管理视角的分析[J]. 审计与经济研究，30（4）：13-21.

崔惠玉，王宝珠，徐颖，2023. 绿色金融创新、金融资源配置与企业污染减排[J]. 中国工业经济，（10）：118-136.

冯改英，2023. 董事会人力资本与薪酬差距[J]. 财会通讯，918（10）：59-63.

郭秀强，孙延明，2020. 研发投入、技术积累与高新技术企业市场绩效[J]. 科学学研究，38（9）：1630-1637.

郭雪萌，梁彭，解子睿，2019. 高管薪酬激励、资本结构动态调整与企业绩效[J]. 山西财经大学学报，41（4）：78-91.

何小钢，梁权熙，王善骝，2019. 信息技术、劳动力结构与企业生产率——破解"信息技术生产率悖论"之谜[J]. 管理世界，（9）：65-80.

黄宏斌，翟淑萍，陈静楠，2016. 企业生命周期、融资方式与融资约束——基于投资者情绪调节效应的研究[J]. 金融研究，（7）：6-112.

孔东民，徐茗丽，孔高文，2017. 企业内部薪酬差距与创新[J]. 经济研究，52（10）：144-157.

李辰，刘巍，游家兴，2021. 高管薪酬激励的团队协同与审计费用[J]. 审计研究，（3）：72-83.

黎文靖，胡玉明，2012. 国企内部薪酬差距激励了谁?［J]. 经济研究，47（12）：125-136.

梁上坤，陈冬华，2014. 业绩波动性与高管薪酬契约选择——来自中国上市公司的经验证据[J]. 金融研究，（1）：167-179.

梁上坤，李烜博，陈玥，2019. 公司董事联结与薪酬契约参照——中国情境下的分析框架和经验证据[J]. 中国工业经济，（6）：154-172.

林毅夫，李志赟，2004. 政策性负担、道德风险与预算软约束[J]. 经济研究，（2）：17-27.

刘婉琪，任毅，2018. 成渝城市群人力资本效率的测度与评价——基于三阶段 DEA 的实证分析[J]. 现代城市研究，（5）：65-71.

卢锐，柳建华，许宁，2011. 内部控制、产权与高管薪酬业绩敏感性[J]. 会计研究，（10）：42-49.

庞廷云，罗福凯，王京，2020. 人力资源投资影响企业研发效率吗——基于职工教育投资的视角[J]. 南开管理评论，23（3）：155-164，199.

盛朝迅，徐建伟，任继球，2021.实施产业基础再造工程的总体思路与主要任务研究[J].宏观质量研究，9（4）：64-77.

盛明泉，戚昊辰，2014.高管薪酬差距与资本结构动态调整研究[J].商业经济与管理，（12）：32-38.

孙鲲鹏，罗婷，肖星，2021.人才政策、研发人员招聘与企业创新[J].经济研究，56（8）：143-159.

温忠麟，张雷，侯杰泰，等，2004.中介效应检验程序及其应用[J].心理学报，36（5）：614-620.

杨东进，冯超阳，2016.保健因素主导、激励因素缺失：现象、成因及启示——基于"80后"员工组织激励的实证研究[J].管理工程学报，30（2）：20-27.

杨菊兰，杨俊青，2015.员工整体薪酬感知结构化及其对组织认同的影响——来自双因素理论的解释[J].经济管理，37（11）：63-73.

杨林，武友德，骆华松，等，2009.西部少数民族地区人力资源评价及开发研究[J].经济研究，44（10）：36-47.

杨薇，孔东民，2019.企业内部薪酬差距与人力资本结构调整[J].金融研究，（6）：150-168.

叶涛，王茂斌，褚冬晓，2022.垂直薪酬差距影响企业创新吗？[J].云南财经大学学报，（9）：88-110.

赵曙明，2001.人力资源管理研究[M].北京：中国人民人学出版社.